VINDOBONA
VERLAG SEIT 1946

Sabine Klamert

Lebe deinen Traum – *Vertraue* deiner Seele

Bibliografische Information
der Deutschen Nationalbibliothek:

Die Deutsche Nationalbibliothek verzeichnet diese Publikation in der Deutschen Nationalbibliografie. Detaillierte bibliografische Daten sind im Internet über http://www.d-nb.de abrufbar.

Alle Rechte der Verbreitung, auch durch Film, Funk und Fernsehen, fotomechanische Wiedergabe, Tonträger, elektronische Datenträger und auszugsweisen Nachdruck, sind vorbehalten.

www.vindobonaverlag.com

© 2022 Vindobona Verlag

ISBN 978-3-946810-98-8
Lektorat: Birgit Himmüller
Umschlagfotos: Naropano, Tetyana Korop, Connie Larsen, Thosstock | Dreamstime.com
Umschlaggestaltung, Layout & Satz: Vindobona Verlag
Autorenfoto:
Franz Weingartner, www.weinfranz.at

Gedruckt in der Europäischen Union auf umweltfreundlichem, chlor- und säurefrei gebleichtem Papier.

Vorwort

Warum schreibe ich dieses Buch? Ehrlich gesagt zur Verarbeitung meiner Krankheit und meines Lebens, das ich bis heute hatte. Was die Zukunft bringt, weiß ich nicht. Doch eines weiß ich: dass ich mir den Tag so schön wie möglich mache ab jetzt und für meine Kinder ein Buch hinterlasse, damit sie wissen wie ich war. Damit sie stolz auf mich sein können und mich lieben werden und ehren. Was sie aber jetzt schon tun, obwohl es mir nie aufgefallen ist. Weil es die Zeit und der ganze Stress nie zugelassen haben. Es ist nicht wichtig, dass sie Flöte spielen oder viele Spielsachen haben, sondern die Zeit für sie da zu sein, das ist wichtig. Jede Minute mit ihnen zu genießen, egal wann es ist. Denn man bekommt es tausendfach in jeder Situation zurück. Denn sie sind das einzige WAHRE GESCHENK GOTTES. Sie werden es jetzt zu diesem Zeitpunkt nicht lesen und ich werde es ihnen auch nicht aufzwingen, weil sie erst 7 Jahre alt sind. Ich weiß aber, dass sie einmal sagen werden, dass ich es geschrieben habe, und vielleicht werden sie es auch lesen.

Ich möchte allen Menschen da draußen nur sagen, dass ich nicht weiß, wie ihre Zukunft ist. Doch ich möchte jedem ein Stück Glauben an sich und ans Leben geben. Damit sie jetzt schon anfangen umzudenken und zu lernen, bevor es zu spät ist. Denn die Welt wird sich immer erneuern, aber das Leben als diejenigen, die wir jetzt sind, nicht.

Ich bin stolze geborene Sabine Neuwirth, gesch. Bader und verheiratete Klamert.

Da es sehr wichtig ist, auf sich stolz zu sein, egal wie dunkel es ist und was passiert. Man hat nämlich keine zweite Chance. Sie werden auch sehen, dass ich ab und zu Gott erwähne. Für mich ist er sehr wichtig geworden im Leben, er war auch immer bei mir und hat mich nie losgelassen. Auch wenn ich ihn zum Glück noch nicht persönlich sehen konnte, doch er war immer bei mir – egal was passierte und wie alleine ich war. Er erfüllte mir so manche Wünsche, die ich hatte, und bis zu meiner OP war er nur Nebensache. Doch er war als Einziger immer bei mir und leitete mich.

Ich widme dieses Buch meinen Kindern Julia und Lisa, allen Therapeuten und Ärzten, die mich wieder zu einem Ganzen machten, an mich glaubten und mir geholfen haben. So wie einem, der immer an mich glaubte, egal wie eng mein Tunnelblick wurde, das ist Papa Gott!

Danke und viel Spaß beim Lesen des Buches, das ab und zu schwarzen Humor beinhaltet und für das man daher ein gewisses Durchhaltevermögen benötigt ;-)

Eure Sabine

Die Geburt

Wie war meine Geburt? Na ja, sie stand schon unter einem komischen Stern, aber das war mir zu diesem Zeitpunkt noch nicht bewusst. Meine Mutter wünschte sich ein Kind, um die Ehe mit meinem Vater zu retten. Was ich aber nie als Baby gekonnt hätte. Er wollte laut ihrer Aussage nur Mädchen und darum kam ich. Sie hatte einen Sohn, der damals 5 Jahre alt war, mit in die Ehe gebracht und mein Vater, der schon verstorben ist, hat ihn leider nicht gewollt. Doch ich meldete mich bei meiner Mutter an und ich kam auch.

Als Kind begriff ich noch nicht, dass meine Eltern Probleme hatten und Alkoholiker waren. Ich sage nicht, dass sie schlechte Eltern waren, aber leider hatten sie so viel mit sich zu tun, dass sie mich darüber vergaßen. Trotzdem wurde meine Mutter ein zweites Mal schwanger von meinem Vater. Aufgrund eines Sturzes im dritten Monat hatte sie einen Abgang. Es wäre ein wunderbares Mädchen geworden. Meine ungeborene Schwester gab mir aber später die Chance zu leben, weil sie auf mich aufpasste und für mich da war. Ich danke heute dieser kleinen Seele, dass sie bei der OP für mich da war. Denn ich durfte sie vor meiner OP kennenlernen. Näheres dazu später.

Als ich 3 Jahre alt war, nahm der erste Lebensabschnitt ein Ende. Doch leider musste mein Vater, der damals sehr betrunken war, auf mich schießen, damit meine Mutter sich von ihm trennte. Ich habe nur im Unterbewusstsein bemerkt, dass irgendetwas nicht stimmte. Denn was ich aus Erzählungen weiß, wurde meine Mutter von meinem Vater, der viel kleiner und schlanker war als meine Mutter, auch blutig gehauen. Das aber von hinten und nicht von vorne. Mein Bruder zerrte mich immer ins Zimmer, wenn es soweit war, dass es Ärger gab. Er stand, obwohl er selbst noch klein war, vor mir wie ein Beschützer. Damit ich nicht alles mitbekam und mir auch nichts passierte. Wofür ich ihm heute sehr dankbar bin. Denn ich weiß nicht, was passiert wäre, wenn er es nicht getan hätte. Die Vaterrolle nicht übernommen hätte. Was mir damals natürlich noch nicht bewusst war. Weil ich noch an das Gute glaubte und immer spürte, dass ich nicht alleine bin. Sondern Papa Gott seine schützende Hand über mich hielt und das tut er noch. Er schrie, wenn ich schrie, und weinte, wenn ich damals weinte. Papa Gott litt mit mir, egal was passierte und noch passiert, doch als Kind wusste ich das noch nicht. Er gab mir Schutz in Form meines Bruders, was ich aber als Kind nicht verstand. Denn nichts ist purer Zufall, sondern alles ist von ihm geplant. Was man nur versteht, wenn man in sich hinein hört. Denn niemand von außen kann einem helfen, nur Papa Gott.

3.–10. Lebensjahr

Vielleicht fragt sich jetzt schon jeder, wie geht es weiter. Wer es wirklich wissen will, liest einfach weiter.

Viel kann ich über dieses Alter auch nicht sagen außer Bruchstücke, denn mein Hirn wurde so programmiert, dass ich jedes Alter genießen soll. Ich werde es aber versuchen.
　Meine Mutter hat mich und meinen Bruder komplett alleine gelassen. Sie ließ den Haushalt untergehen und alles andere war ihr wichtiger. Was ich aber nicht ganz verstand und mir sehr weh tat, was ich später zu spüren bekam. Der Alkohol war ihr leider immer der beste Freund oder sie schüttete ihre Probleme bei mir aus, obwohl ich es nicht verstand zu diesem Zeitpunkt. Woran ich mich noch erinnern kann, ist, dass mein Vater damals sogar mit einem Gasrevolver auf mich schoss. Wie es genau war, weiß ich nicht, sehe nur dumpf die Bilder vor mir. Dass ich davonlaufe und jemand im Rausch auf mich zielt. Als das passierte, war ich zwei Jahre alt. Das Unterbewusstsein vergisst nie, es hebt sich vieles für später auf. Meine Mutter hat damals auch ein Kind verloren, das sich fast schon bewegen konnte. Es wäre ein Mädchen geworden, nur es war ihr leider nicht gestattet zu leben. Wir haben alles daheim live miterlebt. Es war schlimm für mich, meine Mutter bluten zu sehen und ich wusste nicht warum. Da reimt man sich nur etwas zusammen und speichert diese Eindrücke im Gedächtnis ab. Leider war meiner kleinen richtigen Schwester nicht erlaubt zu leben. Meine Mutter hat sich damals für diesen Weg entschieden. Sie glaubte, dass sie drei Kinder nicht durchbringen würde. Doch in diesem Alter versteht man nur Bahnhof als Kind und wünscht sich, dass alles wieder gut wird. Wir lebten auf 100 m² und hatten dadurch viele Räume und einen hohen Stromverbrauch. Die Miete war auch immer zu bezahlen. Was meine Mutter aber leider aufgrund ihres Helfersyndroms nicht

tat. Alle anderen Leute waren ihr wichtiger und denen half sie, wo sie konnte. Oma und Opa waren für mich immer der perfekte Zufluchtsort. Weil ich mich dort wohlfühlte und es auch sauber war. Sie kümmerten sich nämlich zu diesem Zeitpunkt sehr um die Wohnung. Was sie vor meiner Geburt getan haben, weiß ich nicht. Leider kam das bei meiner Mutter falsch an. Denn sie glaubte, dass ich Oma und Opa mehr liebhatte als sie. Was aber nicht stimmte, denn ich habe sie immer lieb, egal was sie anstellt. Ein Kind hat seine Mama nämlich lieb, egal wie sie ist. Ich fühlte mich bei Oma und Opa beschützt und als Mensch wahrgenommen, was daheim nicht so war. Soweit ich es noch weiß, kamen sie und sahen nach mir und meinem Bruder. Sie waren auch ab und zu an Weihnachten bei uns oder wir bei ihnen. Schutz hatten wir nur bei unseren Großeltern. Darum verbrachten wir viel Zeit dort. Ich bei der Mama-Seite und mein Bruder bei der Papa-Seite. Sein Vater war aber nicht mein Papa, weil unsere Mutter schon mal verheiratet war . Mein Vater hat mich leider immer abgestritten als Tochter, er wollte mich nie. Er sah mich eher als Freundin oder Verwandte, doch nie als sein Kind. Was er mir immer deutlich zu spüren gab. Bis heute habe ich nicht beweisen können, dass er mein Vater war. Eines hat er aber getan vor seinem Tod, er sagte, dass es ihm leidtut, so eine Tochter wie mich abgestritten zu haben. Darum habe ich ihm auch innerlich verziehen. Leider ist er vor Jahren an Lungenkrebs verstorben. Doch in meinem Herzen und als Mensch wird er immer mein PAPA sein. Papa, ich habe dich lieb, auch wenn ich es nie sagte! Gefühlt habe ich es aber immer, egal was war.

Mama wechselte die Männer wie Unterhosen. Kaum lernte sie jemanden kennen, stellte sich heraus, dass er auch Trinker war und aus ihrer Sicht viele Fehler hatte. Meinen Großeltern, obwohl mein Opa nicht der richtige Opa war, gefiel das überhaupt nicht, und sie sagten immer zu ihr, dass sie sich auf uns konzentrieren soll, und das passte ihr wiederum gar nicht. Im Gegenteil, – sie fing eher mit ihnen zu streiten an, als dass sie darüber nachdachte. Denn sie wurde in ihrer Kindheit von ihnen schwer enttäuscht, und das bekamen ich jetzt zu spüren. Sie versuchte auch, meinem Onkel zu helfen. Der leider auch dem Alkohol verfallen war. Dieser wollte aber nie einen anderen Weg gehen. Papa Gott habe ihn seelig, dazu noch mehr später. Doch er wurde ein wichtiger Bestandteil in meinem Leben, was mir heute erst bewusst ist. Ich kann mich noch erinnern, dass er jedes Jahr an Weihnachten bei uns war und herausgeputzt wurde, damit man ihm nicht ansah, dass er Alkoholiker war. Für mich war das ganz normal, das zu durchleben. Obwohl er leider stank und ich ihn nur einmal im Jahr sah. Dann war er wieder weg.

Mein Vater ließ sich nur blicken, wenn er betrunken war. Da bekam ich dann vom Weltspartag ein Geschenk. Mir war es egal, weil ich Mama und Papa liebte, und ich freute mich trotzdem. Meine Mutter schimpfte aber immer über ihn und das bekam ich natürlich mit. Auch wenn ich nicht wusste, was los war und warum sie schimpfte und über ihn fluchte. Was sie tat, wenn sie nüchtern war. Dankend nahm ich jede Minute, die ich Ruhe hatte, gerne an. Denn das tun Kinder noch sehr gerne in diesem Alter. Sie wollen Ruhe und Frieden haben und keine Streiterei. Mein Vater hatte auch viele Frauen. Ich sollte zu jeder Mama sagen. Das wurde langsam zum Sport für mich, denn ich suchte mir ab einem gewissen Alter einen Kalender und sagte ihm, welche Frauennamen er noch nicht hatte. Das war für mich recht lustig und ich machte ein Hobby daraus.

Ob er seine Alimente bezahlte oder nicht, war mir zu diesem Zeitpunkt egal. Ich hörte es zwar oft von meiner Mutter, wie arm sie sei, weil sie keine Alimente bekommt von meinem Vater. Doch wirklich interessierte es mich nicht, denn ich hatte ja zu tun mit Schule, Namen im Kalender einkreisen oder Kind sein. Meine Mama lief aber meinem Vater damit hinterher. Sie drängte mich ihm auf, obwohl er immer sagte, dass ich nicht seine Tochter sei. Was ich bis heute nicht sicher weiß, weil ich wie meine Oma aussehe. Er wollte mich nie und mir tat das weh. Weil ich die Welt nicht verstand. Ich wollte ja auch nur gekuschelt werden und geliebt. Mama hat immer getrunken, wenn sie in seiner Nähe war. Dann verstanden sie sich gut und ich verbrachte die meiste Zeit in einer Konditorei mit Gummibärchen. Lecker!!!!!

Meine Mama hatte jedenfalls kein Geld für die Miete und den Strom. Darum saßen wir oft im Dunkeln. Sie sagte aber immer: „Ist die Kuh tot, kann das Kalb auch tot sein". Was aber nicht stimmt, sondern Kinder sollten ein Erwachen sein und keine Last. Das ist Gottes Wille. Das weiß ich, denn ein Baum entsteht auch aus einem Samenkorn, der klein ist. Nur wie?

Dass ich mir wie eine Belastung vorkam, wollte aber niemand hören. Leider waren alle entweder mit der Vergangenheit beschäftigt oder mit dem Alkohol, der leider blind und taub macht. Was wir leider vergessen mit der Zeit.

Ich kann mich aber noch an etwas erinnern, das mir Kraft gab. Das war mein Hund, der viel leiden musste. Damals wusste ich noch nicht, dass Tiere auch eine Seele haben.

Er hieß Chicco und war ein Pudel. Kam als Welpe zu uns und wuchs heran. Es lief etwas ruhiger in dieser Zeit, weil Mama jemanden gefunden hatte, der eine Art Vaterersatz war. Obwohl sie immer sagte, sie hätte jeden Mann wegen uns wieder verlassen. Was leider auch nicht stimmte, denn es waren ein paar dabei, die sie wegen des vielen Alkohols verlassen haben. Was sie auch zu uns sagten. Aber egal, ich will über sie nicht urteilen, weil es hat alles seinen Sinn.

Zurück zu Chicco: Ich band sogar eine kaputte Armbanduhr an den Schreibtisch, weil er sehen sollte, wann ich heimkomme. Nur leider war schon so viel Zorn in mir, dass ich bereits als Kind anfing, ihn grundlos zu schlagen. Weil ich dachte, es ist normal und mir nicht anders zu helfen wusste. Er saß dann immer traurig in seiner Ecke und ließ es sich gefallen.

Eines Abends, als ich im Bett war, spürte ich die Nähe von Papa Gott in Form von Energie. Ich dachte aber, dass es böse war, weil mein Bruder immer zu mir sagte, wenn ich ihn danach fragte: „Dich holen die Zombies." Und meine Mutter sagte: „Es kommt der Moimoi aus der Wand, wenn du nicht brav bist." Das war aber nur jemand, der ein Loch für eine Schraube in die Wand bohrte. Ich wusste aber nicht, dass das nur ein Mensch ist, der einen Bohrer betätigt. In der Nacht fing ich aus Angst an zu schreien, was für viele eine Belästigung war. Nur wenn ich am Wochenende bei meinen Großeltern war, war ich ruhig. Ich schlief auch als ich schon älter war, noch in der Mitte vom Bett. Was natürlich ihr komplettes Leben auf den Kopf stellte. Man stelle sich mal vor, das Kind bzw. Enkelkind schläft immer nur in der Mitte. Doch woanders schlief ich nicht ein aus Angst. Vorm Bohrer und vorm Moimoi. Abgesehen davon, dass es bei Oma und Opa Licht und Heizung gab und daheim nicht. Doch egal, ich lebte mein Leben weiter. Mit Gottes Hilfe.

10.–15. Lebensjahr

Ich bekam schon mehr mit und hatte meinen Lebenswillen noch nicht aufgegeben. Woher kam dieser?

Damals war es auch ein Hobby von mir, Prostituierte zu zählen. Ich war damals schon sehr verschlossen. So ein Hobby sollte kein Kind haben, sondern eher reiten oder basteln. Nur war es für mich ganz normal und das einzige, das kein Geld kostete. Oft habe ich meine Mama gebeten, dass sie mit mir am Gürtel fährt, damit ich loslegen kann mit dem Zählen. Ich wollte die Realität kennenlernen und das Negative sehen. Da ich Angst hatte, alleine zu sein im Dunkeln, war diese Momente wertvoll für mich. Wir hatten oft keinen Strom und die Heizung war auch kalt. Wohlfühlfaktor gab es keine für mich. Mein Hund machte natürlich auch in die Wohnung und das sah auch keiner. Ich war noch zu jung, um alles zu verstehen, doch meine Seele wusste vieles.

In der Schule lief es nicht sehr gut. Denn meine Mitschüler merkten schnell, dass sie auf mich losgehen konnten, und so bekam ich alles ab.

Es war mein erster Hauptschultag und ich wusste nicht, was auf mich zukam. Damals musste ich mit einem Bus ein paar Stationen fahren. Ich glaube, es waren fünf Stationen, doch genau weiß ich es nicht mehr. Es war eine ältere Schule und das Klassenzimmer war im zweiten Stock. Die Garderobe war gegenüber vom Klassenzimmer, wo ich auch für meine Jacke und Schuhe einen Platz aussuchte. Ich dachte, dass alles cool werden wird, doch leider täuschte ich mich. Nach einiger Zeit bildeten sich Gruppen aus sozusagen guten und schlechten Menschen. Was nicht sein sollte. Nach einem Jahr ging es aber los. Eine Schülerin kam zu uns, die aus einer anderen Schule geflogen war. Dann begann alles richtig. Das war so ein Mensch, der versuchte seine Fehler auf andere zu lenken. Dafür lenkte sie immer die Aufmerksamkeit auf sich. Sie schaffte es, dass wir innerhalb eines halben Jahres im Streit lagen, dass wir uns fast hassten. Ich kann mich noch erinnern, dass ich mit circa 11 Jahren das erste Mal versuchte zu rauchen. Wer hat das nicht getan?! Ich denke, jeder versucht es mal in diesem Alter. Eine Freundin und ich hoben die Zigarettenstummel von der Straße auf und probierten es. Mann war das scheußlich, es schmeckte grauenhaft. Die Zeit verging und ich merkte gar nicht, dass es dunkel wurde. Doch als es immer finsterer wurde, lief ich heim. Ich glaube, es war 19 Uhr, nur wusste ich nicht, was mich erwartete. Als ich heimkam, saßen mein Bruder und meine Mutter am Tisch. Meine Mutter hatte wieder etwas getrunken und war dadurch nicht ganz da. Mein Bruder sprang auf und packte mich am Hals und schrie mich an. Wo ich war und was ich tat. Meine Mutter saß seelenruhig daneben und machte wie immer NIX! Es liefen mir die Tränen runter und ich hatte Angst, etwas Falsches zu machen. Leise stotterte ich, was ich machte, und mein Bruder wurde noch zorniger. Irgendwie hoffte ich auf Schutz von meiner Mutter, doch leider kam da nichts. Ich ging dann nur in mein Zimmer und wusste leider nicht, was ich falsch gemacht hatte. Ich dachte nach und keiner sagte es mir. Leider!!!

Meine Mutter erzählte anderen von den Fehlern und Schwachstellen eines jeden Menschen. Ich fing an die Schule zu schwänzen. Wenn meine Mutter in der Nacht arbeitete und in der Früh heimkam, stellte ich den Wecker leise und meinte dann, wir hätten alle verschlafen. Ich fühlte mich in der Schule auch nicht mehr wohl. Ein Vorfall: Ich holte ein Mädchen von daheim ab, um in Nachmittagsunterricht zu fahren. Weil sie sagte, dass ich ab jetzt ihre Freundin bin. Leider glaubte ich ihr, es war aber nicht so. Als ich bei ihr war, holte sie mit ihrer damaligen Freundin einen Katzenkeks, – ich wusste aber nicht, was es war. Sie meinte, ich soll es essen, das ist ein Keks und für Menschen. Als sie dann beide anfingen zu lachen, wusste ich, dass das nicht richtig war. Doch leider war das nicht das Einzige an diesem Tag. Ich roch, dass sie beide Alkohol getrunken hatten.

Als ich das merkte, sagte ich noch in meinem guten Glauben, dass sie in der Schule sagen sollten, sie hätten ein Mon Chéri gegessen. Doch als wir in der Stunde waren, sagte die eine der beiden damals zum Lehrer: „Leck mich am Arsch." Was natürlich nicht sehr gut war, denn dann kam der Direktor. Beide merkten, dass die zwei Mädchen etwas getrunken hatten und sie wurden nach Hause geschickt. Der Lehrer kam aber dann auch zu mir und redete mit mir. Ich sagte ihm, dass ich die beiden auch beim Rauchen gesehen hatte nach dem Unterricht. Und dass sie auch über die Lehrerin schimpften. Ab da hatte ich kein schönes Leben mehr, was meine sogenannte Freundin betraf. Sie meinte immer, dass ich an allem Schuld sei und redete auch da alles schlecht, wo ich wohnte. Ich verlor meine damals einzige Schulfreundin von einem Tag auf dem anderen. Weil nur über mich schlecht geredet wurde. Ich konnte auch nicht mehr in Hof flüchten von zu Hause. Denn alle redeten nur mehr hinter meinem Rücken schlecht über mich. Sie gaben mir keine Chance mehr und das tat natürlich sehr weh. Kinder sagen zwar immer die Wahrheit, doch leider war es zu Hause auch nicht gerade leicht. Weil ich die Probleme meiner Mutter immer hören musste und ich nie mit meinen Sorgen zu ihr gehen konnte.

Wenn ich mal Probleme hatte, egal wo, war sie nicht da oder hatte keine Zeit. Was ich auch oft hörte war: „Du bist selber Schuld, wenn dich keiner mag." Leider sah sie nicht, dass sie dadurch bei mir viel kaputt machte, was ich später herausfand. Dazu aber später mehr.

Wie Kinder halt so sind, glauben sie oft und viel ans Gute und sehen nichts negativ. Sondern sagen das, was sie denken und fühlen. Nur leider ging das bei mir nach hinten los. Ich lernte dadurch nicht mehr und fing an, mich zu verschließen. Wenn ich alleine im Zimmer war, träumte ich immer vor mich hin. Denn das war meine Welt. Niemanden hatte ich zum Reden und so wurde ich immer einsamer. Dass es aber damals schon begann, wusste ich nicht. Mein Bruder machte meiner Mutter Sorgen. Er schmiss seine Lehre mit damals 15 Jahren.

Fing zu rauchen an und lernte auch leider Haschisch kennen. Ich sagte mir immer wieder, dass ich anders bin. Das Einzige, was meine Mutter konnte, war alles mit Alkohol zu dämpfen und zu vergessen. Jedes Problem war für sie ein großer Stein. Sie glaubte, wenn sie alle Probleme einfach verdrängt, sind sie weg. Doch leider war es so, dass sie dadurch noch mehr Probleme bekam. Wenn ich etwas zu ihre sagte, war ich gleich die Schuldige und sie sagte zu mir: „Ich wollte heute nicht trinken, doch du gibst mir jetzt einen Grund!" Das speicherte ich tief in meinem Unterbewusstsein, damit keiner drankam, und es tat mir auch weh. Ich zeigte nie, dass ich verletzt war. Ich habe einfach alles geschluckt. Dass es mal dicke auf mich zukommt, wusste ich zu diesem Zeitpunkt noch nicht. Das ist jedoch eine andere Geschichte.

Ich verhielt mich so gut es ging ruhig, damit ich keine Fehler machte. Denn etwas Falsches wollte ich nicht machen. Mama und mein Bruder hatten immer Diskussionen. Meine Sorgen hörte nur einer und das war Gott, auch wenn es mir nicht bewusst war. Doch er war und ist immer da, auch wenn es mir schlecht geht. Er lässt die Hand seiner Kinder nicht los, was mir heute erst bewusst ist. Als Kind weiß man nicht, wie es so vor sich geht, man handelt nur.

Dann war es an der Zeit, eine Lehrstelle für mich zu finden. Keiner wollte mich haben mit dem „ach nicht so guten Zeugnis"! Was aber, denke ich, ganz normal ist, denn wer nimmt schon gerne jemanden mit einem oder zwei Fünfern. Es war aber auch die Zeit der ersten großen Liebe. Da kann ich mich noch erinnern, dass ich durch und durch in einen Mann verknallt war. Er hieß Josef und war sogar um einige Jahre älter als ich. Ich versuchte, es nicht zu zeigen, weil ich niemandem Sorgen oder Probleme machen wollte. Irgendwie merkte es meine Mutter trotzdem, ließ mich aber mit meinen damals unerhörten Gefühlen alleine. Mann es tat aber ganz schön weh, dass Josef eine Freundin hatte. Er war damals ein Taxi-Kollege von Mama und ab und zu sah ich ihn. Das machte mich schon glücklich. In meinem Kopf aber träumte ich nur von ihm. Eines Tages, ich weiß aber nicht mehr, wann es war, erfüllte sich ein kleiner Traum von mir. Josef feierte seinen Geburtstag und wir waren zufällig in dem Lokal. Er dürfte auch mit seiner Freundin eine Diskussion gehabt haben. Auf jeden Fall zeigte er mehr Interesse an mir. Dann brachten wir ihn heim und er saß sogar hinten bei mir im Auto und jetzt haltet euch fest: Legte seinen Arm um mich! Mann oh Mann, war ich stolz darauf. Ich fühlte mich wie eine Königin und habe es genossen. Insgeheim wünschte ich mir, dass dieser Abend nie vergehen würde. Mein Gesicht und meine Augen strahlten ganz tief und fest. Leider verging die Autofahrt zu schnell.

Ich hatte nur das in meinem Kopf und wollte es sogar mitteilen, doch leider war keiner interessiert daran.

Es vergingen Tage und Monate und dann wollte ich Josef vergessen. Es passierte aber für mich wie ein Wunder. Josef fragte nach mir und sagte, dass er mich sehen will. Woher kam aber dieses Wunder?! Wir verabredeten uns für einen Freitag, ich rief ihn von der Telefonzelle aus an, weil wieder einmal unser Telefon abgedreht wurde. Wir waren bei ihm zu Hause verabredet. Am Anfang wusste ich nicht, was auf mich zu kam. Zunächst redeten wir und dann kam es zum Kuss. Nein, wir schliefen noch nicht miteinander. Josef hatte zu viel Anstand dafür, denn ich war ja noch Jungfrau. Als wir dann ins Lokal gingen, wo alle waren, legte ich meine Hand auf sein Bein. Angeblich sah meine Mutter da schon, dass sie mir die Pille besorgen muss. Zumindest behauptete sie das. Zwei Tage später hatte ich die Pille. Damals war ich 14 und noch in der Pubertät. Da ich viel Zeit bei Josef verbrachte, weil es dort sauber war und geregelt, war ich natürlich nicht daheim. Dann kam ich ins Spital mit Leberwerten wie ein Alkoholiker. Obwohl ich nie etwas getrunken hatte. Mein Urin war so braun wie Kaffee. Das entdeckten die Ärzte durch Zufall, weil ich Schmerzen hatte im Unterleib. Nur sah ich die ersten Anzeichen meines Körpers noch nicht bzw. nahm sie nicht wahr. Also kam ich auf eine Intensivstation. Es dort aber keine Vierbettzimmer, sondern es waren mindestens zehn Betten in einem Raum. Zwischen lauter älteren Leuten und kein einziger junger Mensch. Ich weiß, dass ich nicht dortbleiben wollte. Ob meine Mutter jeden Tag kam, weiß ich heute nicht mehr. Für sie war es aber wieder ein Anlass zu trinken. 14 Tage verweilte ich auf dieser Station. Dann kam ich wieder zu Oma und Opa. Die Schule schenkte ich mir damals, weil es in meinen Augen sowieso nur der polytechnische Lehrgang war. Romana, die mich schon in der Hauptschule geärgert hatte, war auch dort und behandelte mich sowieso wie den letzten Dreck. Irgendwie bin ich dann zu Josef gezogen und das erste Mal in meinen Leben weinte ich, weil ich nichts zum Anziehen hatte. Er sagte nur, dass es ihm nichts ausmacht und wir das schon hinbekommen würden. Seine Mama ging mit mir zum Einkaufen, allerdings in ein Geschäft für ältere Damen. Ich hatte aber gelernt, aber nichts zu sagen, und nahm es einfach hin. Daraufhin kleidete ich mich schon wie eine 30-Jährige. Es war Zeit, dass ich mit einer Ausbildung anfing. Ich bekam eine Lehrstelle in einem Autozubehörgeschäft. Es waren zwei Filialen, die Hauptzentrale und eine weitere Filiale. Dort lernte ich Leo kennen, meinen Lehrherren. Er hatte keine Vorurteile mir gegenüber, auch meine und seine Chefin nicht. Also fing ich dort zu lernen an und ich fühlte mich sehr wohl. Leo brachte mir alles bei und hatte viel Geduld mit mir. Auswendig wusste ich, wo alles war, und ich fing an mich so richtig wohlzufühlen. Meine Mutter verlor ihre Wohnung und zog zu einer Freundin. Heute sagt sie, dass das nicht wahr ist und ich es mir nur einbilde. Bezahlt man aber keine Miete, hat auch irgendwann die Gemeinde genug. So denke ich jetzt und immer schon. Sie sagte immer, dass wir eh nicht zu Hause wohnten und sie die Wohnung daher aufgab. Aber egal wie es wirklich war, ich fühlte mich wieder einmal alleine. Denn mit 14 bzw. 15 Jahren ist man noch nicht erwachsen und kann noch nicht komplett alleine für sich sorgen.

Gesagt, getan, – die Wohnung war weg. Ich hatte kein Zuhause mehr und das tat weh. Zu diesem Zeitpunkt hatten wir Chicco und unsere Katze Minki. Ich bekam die Katze und mein Bruder den Hund. Traude, so hieß die Freundin und Bekannte von Mama, sagte, dass sie bei ihr wohnen darf. Ich war ganz durch den Wind und wusste nicht, was los war. Alles kam mir wie ein Film vor, in dem meine Mutter die Hauptrolle spielte.

Josef und ich verstanden uns auch nicht so gut und es lief sehr schwer. Leo bemerkte das irgendwie und sprach mir Mut zu. Er übernahm irgendwie eine Vaterrolle für mich. Sah mir nur in die Augen und wusste, dass ich Probleme hatte. Er hielt immer seine schützende Hand über mich und war einfach nur da. Stellte sich in der Firma immer an meine Seite und rief mich sogar an, wenn ich mal in der Zentrale war. Leider zum Leidwesen meiner Chefin. Das stellte sich aber erst später raus.

Die seelische und körperliche Vergewaltigung

Eines Tages, es war ein Jahr vergangen und ich lebte so dahin, war es sehr grau für mich, obwohl die Sonne schien. Ich ging wieder zur Filiale und stand so vor dem Eingang und wartete. Es kam der Tankwart von gegenüber zu mir und fing an zu reden. Wer heute in die Filiale kommt und da ist. Natürlich antwortete ich mit: „Es kommt Leo, wer sonst?" Doch leider antwortete er nicht mit den Worten: „Ja, er wird sich verspätet haben oder er hat frei", sondern mit „Er ist leider tot, er ist am Wochenende unverhofft an einer Embolie verstorben, das tut mir leid!"

Der Schock traf mich tief. Endlich hatte ich jemanden, der mich als Mensch wahrnahm, doch jetzt war er tot. Er war für immer aus meinem Leben verschwunden. Es war niemand mehr da für mich, wenn es mir schlecht ging. All diese Gedanken gingen mir in dem Moment durch den Kopf. Nicht nur diese, sondern auch, wie es jetzt mit der Filiale weiter geht usw. Wie immer und auch manchmal jetzt noch, habe ich eher an die anderen gedacht als an mich. Was der beste Schritt für mich ist und wäre.

Da hielt auch schon ein Taxi vor meiner Nase und die Chefin stieg aus. Ich wusste nicht, was ich machen sollte, – weinen, lachen oder gar schreien. Ich glaubte damals, dass ich irgendwie jetzt von ihr Sicherheit bekomme. Meine Augen waren verzweifelt und voller Tränen. Leider war es anders und ich entschied mich, nichts zu sagen, denn das wurde mir ja schon vorher antrainiert.

Als sie an mich herantrat, hatte sie Tränen in den Augen und sagte mir, dass Leo verstorben war. Ich sagte nur: „Ist ok, wir schaffen das schon." Sie hatte sicher auch eine schwere Zeit vor sich und die genauen Hintergründe bzw. was sie damals beschäftigte, habe ich nie erfahren. Wir hatten soweit alles im Griff und sie entschied damals, dass ihr Schwiegersohn eingestellt wurde. Dass er leider überfordert war mit allem, war mir zu diesem Tag leider nicht so bewusst wie heute.

Dass er auch leider nicht viel Ahnung hatte, was er tat, leider auch nicht. Erfahrung hatte er, was einen Lehrling betrifft, keine. Er kannte nicht die Rechte und Pflichten, die damit verbunden sind. Wie auch, er war erst 25 Jahre alt, denke ich, und Vater von einem Sohn. Er stellte mir die Flaschen mit Öl hin und führte mich nicht mit seinem Wissen an die Öle heran, sondern ich bekam sie vor meine Nase gestellt und musste mir den Umgang damit selbst beibringen. Es steht ja so viel auf einer Ölpackung, dass man leicht denn Überblick verliert und nicht weiß, welches Öl das beste für welches Auto ist. Ich konnte die Kunden deshalb nicht gut in Sachen Öl beraten. Was aber mein Job gewesen wäre.

Es kam der Tag, an dem Josef sich von mir trennte. Wir waren nicht einmal mehr gemeinsam beim Begräbnis von Leo. Es war seine Entscheidung, das ist mir auch heute sehr bewusst und ich verstehe ihn auch. Meine Mutter lebte auf 13 m² in einem Zimmer und hatte das Wasser und WC am Gang. Sie hatte diese Wohnung gefunden, nachdem ihre Bekannte sie rausgeworfen hatte. Die Wohnung war damals nicht teuer, doch sie musste sich Geld von der Bank leihen und Josef war so lieb, ihr als Bürge für diesen Kredit bereitzustehen. Was leider nach hinten losging. Weil sie den Kredit nicht zurückzahlte und er dann zahlen musste. Daraufhin war der Kontakt leider ganz weg und die Wege trennten sich auch als Bekannte.

Zuerst wohnte ich kurz bei Oma, doch mir fehlte die Liebe meiner Mama. Darum zog ich nach langem Hin und Her zu ihr in diese kleine Wohnung.

Eines Tages machte mir Erwin der neue Chef von mir in der Arbeit kleine Komplimente. Das ging jeden Tag so und er sagte auch, dass er angeblich weiß, was zwischen mir und Leo war. Dass er Leo verstehen könne, warum er mich wollte. Ganz verstand ich die Welt nicht so, aber ich fühlte mich geschmeichelt. Die Tage vergingen so und ich dachte: „Wow, dieser Mann hat wirklich Interesse an mir und meint es ernst." Da ich ja von Josef getrennt war, würde ich sogar niemandem wehtun. Dass er es nicht sehr ernst mit mir meinte, merkte ich im Laufe der Zeit. Ich kann mich noch erinnern, als wir Sex hatten ohne Verhütung und ich bekam Angst, dass ich schwanger werde. Das sagte ich ihm auch und er meinte nur: „Dann lässt du es abtreiben!" Es war mein erster Sex mit ihm und auch der einzige. Meiner Mutter habe ich wie üblich nichts gesagt, weil ich entweder hörte „Das ist deine Entscheidung." oder „Du bist alt genug." Ich war damals nicht mal ganz 15 Jahre alt und irgendwie noch ein Kind. Ich wusste nicht, dass sich jede Entscheidung auf die Seele oder auf meinen Körper auswirkte. Ich wollte einfach nur leben. Ein ruhiges Leben und einen beständigen Menschen an meiner Seite. Nach ein paar Wochen sagte Erwin auf einmal vor meinen Kunden etwas Falsches. Da riss mir zum ersten Mal die Hutschnur. Ich nahm eine Zange und zwickte ihm in den Arsch. Das hat sicher sehr weh getan. Er drehte sich aber um und knallte mir eine, dass es schallte. Daraufhin zog ich mich an und fuhr hinauf in die Zentrale zu meiner Chefin. Denn der Mut war noch da und ich packte die Gelegenheit beim Schopf. In der Zentrale angekommen, war es leider anders als gedacht. Als ich vor meiner Chefin stand, fiel sie gleich über mich her und beschimpfte mich. Sie redete so lange auf mich ein, dass ich sogar dachte, dass ich schuldig wäre. Dass ich froh sein muss, wenn ich die Lehre fertigmachen darf und nicht gefeuert werde. Danach erfuhr ich, dass Erwin leider schon in der Zentrale angerufen und die Geschichte ganz anders erzählt hatte. Darum war ich an diesem Moment nichts mehr wert. Nichtsdestotrotz kam ich ins Lager der Zentrale und wollte meine Lehre fertigmachen. Ich versuchte mein Herz dem Lagerarbeiter auszuschütten. Doch leider ging auch das mächtig in die Hose, denn er glaubte dadurch, ich wäre ein leichtes Mädchen. Was ich aus seiner Sicht sicher war. Er wusste, dass er ein leichtes Spiel hatte. Eines Abends sagte er zu mir, dass Erwin in einem Lokal sich mit mir aussprechen will. Ich fuhr in gutem Glauben mit dorthin, nur verlief der Abend leider anders. Sie machten mich beide betrunken und wollten mich so ins Bett bekommen. Damit wir einen flotten Dreier machen. Da ich aber nicht für so etwas bin, lehnte ich ab. Wir fuhren zu Harald heim und er versuchte, sich an mich ran zu machen. Erwin saß am Computer und ihm war es egal. Irgendwie schaffte ich es aber, dass mich Erwin heimbrachte, da war es schon fast neun Uhr abends. Wie Teenager halt leider so sind, glaubte ich Erwin alles, was es sagte, und verwöhnte ihn noch im Auto und ging dann nach Hause.

Das war das einzige Mal, dass meine Mutter zu mir hielt. Was mir aber schon ziemlich egal war, denn ich hörte immer die gleichen Sätze, wenn ich etwas sagte oder meinte. Irgendwie kam ich beim Haustor damals hinein. Ich taumelte die Stiegen hinauf und dachte mir nichts dabei. Doch es ging die Türe auf und meine Mama stand da. Irgendwie erzählte ich es ihr und wusste nicht, dass etwas Falsches passiert war. Ich wollte nur schlafen, um auch meinen Kopf freizubekommen. Es war der nächste Tag und ich durfte nicht arbeiten gehen. Ich wusste nicht, warum, aber ich blieb zu Hause. Mama ging mit mir zu einem Telefon und rief in der Firma an. Ich hörte nur die Worte: „Das wird Konsequenzen haben." Somit begann ein richtiger Stress für mich. Ich musste bei der Polizei aussagen, bei der Gewerkschaft und am Gericht, ich war sogar im Fernsehen damals. Was für mich aber alles wie ein schlechter Film war. Denn ich hatte mehr zu tun, wieder ich zu sein. Ein richtiges seelisches Hin und Her für mich. Zu diesem Zeitpunkt hatte meine Mutter nichts getrunken. Was sich aber leider wieder änderte, was ich aber nicht wusste. Nach einer Weile bekam ich alles, was mir gesetzlich zustand, aber ich hatte keine Arbeit. Ich war total seelisch leer und konnte auch nicht mehr. Als vieles vorbei war, hatte meine Mutter wieder Zeit, etwas zu trinken. Was sie auch tat, nur leider mit den Worten: „Du machst mir Sorgen, darum muss ich etwas trinken auf das hinauf!" Also war ich wieder alleine und lag so in meinem Bett, gleich neben meiner Mutter, die aufgrund ihres Alkoholkonsums mal wieder keine Rücksicht auf mich nahm. Zu meinem Leidwesen, denn das richtete wieder Schaden bei mir an.

Ich legte mich hin, setzte mir die Kopfhörer auf und auf einmal passierte etwas. Eine Rolltreppe erschien vor mir. Ich stieg hinauf und schaute, wohin die Reise mich führt. Oben angelangt saß ich da und sah zwei Seiten: eine helle und eine mit Feuer. Da kam jemand an mir vorbei und ich sah, dass es Jesus war. Er setzte sich einfach nur hin und wartete, dass ich anfing zu reden. Er hörte mir geduldig zu und beantwortete jede Frage, die ich hatte. Es war wunderschön und tat mir in der Seele gut und ich fühlte mich dadurch besser. Ob es Einbildung war oder echt, weiß ich nicht. Das Einzige, was ich weiß, ist, dass er mir damals schon die Hand reichte und mir verzieh. Dass er ein wunderbarer Mensch war mit Fehlern und Launen, und das tat gut.

15–17 Jahre

„Mein Leben ist gelaufen", dachte ich schon damals. „Es wird so weiter gehen mit mir und es wird keiner an meiner Seite sein wollen." Ich bekam Druck wegen der Suche nach einer Arbeit. Lebte mit meiner Mutter auf 13m², also was sollte noch Schlimmeres passieren. Dass alles seelische Auswirkungen haben und sich auch körperlich irgendwann spiegeln wird, damit hatte ich zu diesem Zeitpunkt noch nicht gerechnet.

Ich lebte irgendwie so dahin und hatte innerlich keine Lust mehr zu leben. Denn was hatte schon einen Sinn in meinem Leben. Das vollgemachte Bett, in dem meine Mutter schlief, wenn sie betrunken war. Ihre Beschimpfungen mir gegenüber, dass ich ihr sowieso immer schon eine Last war. Also trank ich einfach mit. Ich kann mich noch erinnern, dass ich mit ihr auf der Donauinsel war und mir ein Krügerl bestellte und sie gar nix sagte. Dass es zu heiß war für Alkohol und mein Körper sich irgendwann rächen würde, wusste ich nicht. Es kam an diesem Tag mein Cousin auch dorthin. Wir tranken nicht viel, ich hatte nur drei Bier und wir meinten, wir fahren in den Prater. Irgendwie kam ich dorthin, doch meine innere Stimme damals sagte zu mir, dass ich heimgehen sollte. Ich setzte mich in die Straßenbahn und fuhr heim. Ich weiß noch, dass ich einen Badeanzug und eine kurze Hose anhatte. Leider kam hinten und vorne alles unterwegs raus. Ich hatte eine richtige Alkoholvergiftung. Was ja kein Wunder war bei diesen Temperaturen. Eine ganz liebe Frau fragte mich, ob ich Hilfe brauche und ich stammelte nur: „Bitte rufen Sie die Polizei." Was ich damals erwartete, weiß ich nicht. Wahrscheinlich Hilfe und Rettung von außen. Irgendwie kam ich aber heim und ging ein Stockwerk höher. Ich wusste, dass dort ein Mensch wohnte, der bei der Rettung arbeitet. Er war älter und wirkte sehr erwachsen. Ich läutete an und stammelte nur: „Bitte hilf mir." Er stellte mich sofort unter die Dusche und gab mir damals einen Jägermeister zum Trinken, damit alles rauskommt. Da er leider arbeiten musste, setzte er mich in Hof und ging. Ich war so müde und fühlte mich so schlecht, dass ich nur schlafen wollte. Leider hatte mein Körper etwas anderes vor, als ich dachte. So habe ich das Stiegenhaus leider vollgekotzt, als ich mich vor die Wohnungstüre legen wollte. Die Hausmeisterin damals war so lieb und lächelte nur und sagte, dass es schon passt. Sie wischte alles weg und ich schlief dann im Stiegenhaus meinen Rausch aus. Als ich munter wurde, war die Türe immer noch zu. Also fuhr ich irgendwie zu meinem Vater. Als ich dort ankam, schaute ich nicht schlecht: Meine Mutter saß seelenruhig da und fragte mich nicht einmal, wie es mir geht. Ich dachte mir nur: „OK Sabine, du hast etwas getrunken und dafür deine Strafe bekommen." Ich wusste nicht zu diesem Zeitpunkt, dass auch die Mutter eine gewisse Verantwortung hat. Dass sie nur zu mir hätte stehen müssen und aufhören zu trinken. Wir fuhren mit einem Taxi heim und ich schlief sofort wieder ein. Meine Oma versuchte immer mit meiner Mutter zu reden, doch leider schimpfte meine Mutter nur über sie und dachte, dass sie sich überall einmischte. Meine Oma konnte mir zu diesem Zeitpunkt leider keinen Schutz mehr geben. Ihr waren die Hände gebunden. Auch wenn wir beide ein gutes Verhältnis hatten. Doch eines war sie: Sie war immer für mich da. Wenn ich Oma und Opa nicht gehabt hätte, dann wäre ich sicher, was den Alkohol betrifft, auf die falsche Bahn geraten. Was ich zu diesem Zeitpunkt nicht war. Meine Mutter war so mit sich selbst beschäftigt, dass sie mich leider vergaß.

Endlich wurde ich 18 Jahre alt

Ich hatte einen Job gefunden, der mir Spaß machte. Wo ich so angenommen wurde wie ich war und auch noch für meine damaligen Verhältnisse viel Geld bekam. Dass es leider anders ausging im Laufe der Zeit, wusste keiner. Doch egal, hier die Geschichte.

Ich bekam durch meinen Vater einen Job bei der Post damals. Voller Stolz nahm ich ihn an und fühlte mich auch sehr wohl damit. Ich stand in Abteilung 8 damals und nahm die Pakete entgegen, die sie einsammelten mit dem Lkw. Ich war zwar nur als Praktikantin eingestellt, aber das machte mir nichts. Ich war ja eine wichtige Person und hatte etwas zu tun. Was mir seelisch natürlich half. Jeden Tag hatte ich Dienst und meine Kollegen waren auch nett. Ich lernte dort Leute kennen und wir lachten über alles und niemanden. Mein Vater, der bei der Bahnpost arbeitete, erzählte jedem, dass ich seine Freundin wäre und nur vorbeischauen würde. Mir tat es zwar weh, aber was sollte ich machen. So weit, so gut, ich lernte dort jemanden kennen. Er hieß Roland und war etwas älter als ich. Ich verliebte mich in ihn und sagte es natürlich niemandem. Interesse an mir zeigte er leider nicht, aber an den Kolleginnen. Dass er ein Macho war, stellte sich erst heraus. Dass ich mal wieder etwas dazulernen durfte, auch.

Dass ich das Geld verdiente und sobald ich es hatte, direkt ausgab, war normal. Meine Mutter sagte immer, sie habe Sorgen mit mir und ich wäre Schuld daran, dass sie trinkt. Das tat sie nämlich weiterhin und gab jedem anderen die Schuld daran. Sie trank also und in ihrem Rausch hatten alle anderen die Schuld daran. Dass wir kein Geld hatten, dass wir auf 13 m² lebten usw. Obwohl ich vom ersten Gehalt, das ich damals bekam, sogar ihre Schulden bei der Post bezahlte und einen Telefonanschluss, hörte ich von ihr nicht einmal ein Dankeschön. Ich bezahlte sogar einmal von meinem Sparbuch an ihren Chef die Rechnung, damit sie keine Schulden mehr hatte. Aber das war für mich damals ok, weil es meine Mama war. Mir fiel es damals zu schwer bei ihr auszuziehen, denn ich war erst 16 oder 17 Jahre alt und ich hatte keinerlei Erfahrung. Auch wenn manche der Meinung sind, dass man geht bzw. sich Hilfe holen sollte. Ich war zu diesem Zeitpunkt leider zu schwach.

Irgendwie zeigte Roland doch noch Interesse an mir. War es, weil alle anderen ihn abblitzen ließen oder war es echte Liebe?! Ich weiß es leider nicht und stieg voll darauf ein. Irgendwie glaubte ich, dass ich anders bin und dass es gesehen wird, endlich meine Liebe gesehen wird. Ich wartete jeden Tag darauf, dass er mich anrief. Ich wusste zwar, dass er zu der Zeit eine Freundin hatte, die ein Kind erwartete, aber er sagte immer, dass er es nicht wolle und dass sowieso die Trennung bevorsteht deswegen. Also schlief ich auch mit ihm und war immer recht stolz, wenn ich in seiner Wohnung sein durfte. Ich änderte sogar mein Aussehen, nur um ihn stolz zu machen. Ich fing an mehr darauf zu achten, was ich anzog und schminkte mich. Einmal stand ich sogar im Minirock vor seiner Arbeitsstelle, damit er mich sah.

Eines Tages fragte er mich sogar, ob ich einen Kurzurlaub machen möchte in Italien. Seine Freundin ist wieder in Urlaub bei ihren Eltern und ließe ihn alleine daheim und er wäre so arm. Natürlich glaubte ich ihm, denn warum sollte er lügen. Er liebte mich ja und würde mit ihr reden. Also fuhr ich mit ihm nach Italien. Mann waren das drei schöne Tage. Ich fühlte mich richtig frei und groß. Das Wasser fühlte sich herrlich warm an und angenehm und die Sonne schien auf meinen Körper. Das Zimmer war ganz einfach und sehr bequem. Ich fühlte mich darin wie eine Königin. Am Abend gingen wir gemeinsam Pizza essen und dann spazieren. Alle glaubten, ich wäre seine Freundin, doch diese saß nichtsahnend in Lunz bei ihrer Familie. Was mich wenig kümmerte, denn ich war so glücklich wie noch nie. Dann kam der Tag der Heimreise. Ich war gar nicht froh darüber, doch ich musste. Die Fahrt auf der Autobahn konnte ich noch genießen. Dann aber waren wir zu Hause. Er lieferte mich ab und ich war wieder im Alltag. Es war ein Dienstag und ich sollte wieder zur Arbeit gehen. Mein Inneres war aber total schwach und ich konnte nicht. Nur leider machte ich den Fehler, dass ich wieder einmal nichts sagte. Schon gar nicht in der Firma, denn ich hatte zu diesem Zeitpunkt Angst um meine Stelle. Dass das falsch war, wusste ich, trotzdem handelte ich so.

Meiner Mutter war es egal, sie sagte nur wieder: „Das ist Deine Entscheidung." Sie redete mir kaum zu, sondern ging. Redete aber leider hinter meinen Rücken, was ich zu spüren bekam. Ich konnte nicht mehr mit diesem Mann zusammenarbeiten und so tun, als wäre alles ok, also ging ich von dieser Arbeit.

Ich lernte Raschid kennen. Er arbeite in einem Zirkus und zeigte wirklich Interesse an mir. Damals war ich mit meiner Mutter dort und merkte, dass er ein Auge auf mich geworfen hatte. Es war noch für mich Spaß, doch einen Tag später ging ich mit meiner Schwester hin. Als wir bei der Vorstellung waren und er mir in der Pause ein Getränk auf seine Kosten schickte, imponierte mir das sehr. Wir haben uns nach der Vorstellung gesehen und es funkte sofort bei mir. Ich gab ihm meine Telefonnummer und wir vereinbarten, uns am nächsten Tag zu treffen. Ich ging aber hin, denn auch wenn es bei mir gefunkt hatte, war die Angst groß, wieder enttäuscht zu werden. Doch dann läutete das Telefon und Raschids Freund und Kollege fragte, warum ich nicht komme. Ich war ganz überrascht und sagte, dass es nicht ginge, aber am nächsten Tag. Als ich ihn sah, war ich froh darüber, ihm eine Chance gegeben zu haben. Denn auch wenn er fast kein Deutsch sprach, verstanden wir uns trotzdem. Jeden Tag, solange der Zirkus gastierte, war ich bei ihm und genoss es, wie er mich behandelte. Meiner Mutter war es nicht so recht, weil er Moslem war und auch nichts Besonderes. Sie leistete aber wie immer keinen Widerstand, sondern ließ mich einfach in Ruhe. Ich kaufte ich mir ein schwarzes Kopftuch und sie behauptete überall, dass ich übertreten werde zum Islam, wenn ich nicht aufpasse. Was damals ziemlicher Quatsch war. Ich war schon fast 18 Jahre alt und hatte schon meine eigene Meinung. Als der Zirkus weg war, dachte ich, ich sehe Raschid nie mehr wieder auch wenn er mich jeden Tag anrief. Dann war der Zirkus direkt in Graz und auch noch in der Nähe vom Bahnhof. Roland sagte mir am Telefon, dass er den Zirkus vom Balkon aus sehen würde. Er war damals bei einem Freund zu Besuch und erzählte mir das nichtsahnend. Ich packte meinen kleinen Koffer gegen denn Willen meiner Mutter, obwohl ich da schon 18 Jahre alt war, und fuhr hin. Raschid freute sich sehr, als er mich sah, und wir verbrachten eine schöne Zeit zusammen. Als ich wieder heimkam, machte mich meine Mutter fertig, dass ich ein schwieriges Kind wäre. Was ich von ihm wolle, weil er ja Ausländer wäre und sogar Moslem, er isst auch kein Schweinefleisch usw. Doch in meinen Augen hatte ich nichts falsch gemacht, sondern war nur meinem Herzen gefolgt. Da der Zirkus fast vier Wochen dort zu Gast war, fuhr ich wieder hin und rief sogar Roland an, um ihm zu sagen, dass er jetzt keine Chance mehr bei mir hat, weil ich Raschid habe. So verliebt war ich und träumte auch von ihm. Leider war so tief in mir verankert, dass Männer sowieso nichts wert sind und nichts können, dass ich es unterbewusst auch glaubte. Meine Mutter sagte nämlich, dass sowieso kein Mann etwas taugte und alle Männer schlecht sind. Egal was sie taten oder auch nicht.

Ich fing im Zirkus etwas mit einem zweiten Mann an. Was natürlich die Beziehung zu Raschid rapide verschlechterte. Er rief mich zwar täglich an, doch irgendwie konnte ich kein Vertrauen aufbauen. Also ging langsam die Beziehung in die Brüche und ich war wieder im Alltag.

Unser Telefon war wieder einmal gesperrt, weil ich kein Geld mehr hatte bzw. Einkommen, um es zu bezahlen. Da klopfte es an der Türe. Meine Mutter ging hin und auf einmal sagte sie zu mir, dass es Besuch für mich ist. Als ich aufstand und zur Türe ging, traute ich meinen Augen nicht: Es war Roland. Ja, er stand vor der Türe und ich wusste nicht, was los war. Er erzählte mir, dass er und seine Freundin sich getrennt hätten. Sie wäre mit Einverständnis in ihre Wohnung gezogen und sie hätten sich in Güte getrennt. Ja, nur was willst du von mir, dachte ich, und wusste nicht, was ich darauf sagen sollte. Er hatte mich irgendwie gefunden und sagte, dass er mich vermissen würde usw. Dass sich mein Leben komplett ändern würde und ich wieder etwas lernen würde, das wusste ich zu diesem Zeitpunkt nicht. Denn Gott hatte einen besonderen Weg für mich. Nur leider weiß und versteht man das erst, wenn man krank ist.

Mein erstes richtiges Lernen

Es fing damit an, dass ich zu Roland zog und versuchte, mich besser kennenzulernen. Wie das war, lest ihr in diesem Kapitel – also bleibt dran.

Ich gab Roland wieder eine Chance, sich zu beweisen. Er war im Sommer mit seiner Familie auf Urlaub gefahren. Rief mich aber erstaunlicherweise an und meinte sogar, dass ich nachkommen sollte, weil es ohne mich kein Urlaub wäre. Nur leider fehlte mir das Geld dazu, das ich benötigen würde, um den Flug zu bezahlen. Darum blieb ich brav daheim und freute irgendwie mich auf die Telefonanrufe von ihm. Als der Urlaub zu Ende war, holte mich Roland von einer Minute auf die andere zu sich in die Wohnung. Wenn ich ehrlich bin, liebte ich ihn da noch nicht so sehr, dass ich bei ihm einziehen hätte wollen. Nur aus heutiger Sicht freute ich mich, dass ich von zu Hause wegkam. In eine Wohnung ohne Stress und Angst. Ich wusste nicht genau, was für ein Mann er war und welche Vorlieben er hatte. Daher zog ich zu ihm.

Langsam fing ich an zu lernen, dass ich arbeiten musste, denn Roland war sehr bedacht darauf, dass ich auch Geld heimbringe. Wir fingen an, Bewerbungen zu schreiben. Ich weiß auch gar nicht, wie viele. Gefühlt waren es hundert. Ich bekam aber nur Stellen als Aushilfe angeboten und keine festen Jobs. Irgendwie wollte mich keiner haben. Denn wer stellt schon gerne jemanden ein, der 18 Jahre alt ist und keine Ausbildung und keine Erfahrung hat. Niemand! Gott wollte aber, dass ich lerne, und schaffte es, dass ich auch einen Job bekam. Jetzt haltet euch aber alle fest: Es war sogar eine sehr gläubige Frau, die mir diesen Job empfohlen hat. Komisch, nicht?

Sie war damals eine gute Freundin von Roland. Wir fuhren oft hin und verbrachten einen netten Abend. Als wir dort waren, sagte sie auf einmal, dass sie sich mich gut als Heimhilfe vorstellen könne und ich der Typ dazu wäre. Dass bald wieder Ausbildungsbeginn wäre und ich mich bewerben solle. Heimhilfe ist wie eine Pflegejob, wo man nach alten und kranken Menschen sieht. Ich dachte mir nichts und bewarb mich. Eines Tages bekam ich eine Zuschrift, dass ein Platz für mich frei wäre und ich das mit dem Amt regeln solle. Also machte ich die Ausbildung und fühlte mich auch wohl damit. Man lernte viel vom Rasieren bis hin zum Heben eines Menschen. Die Ausbildung dauerte damals nicht lange, nur 8 Wochen. Es waren 4 Wochen Theorie und 4 Wochen Praxis, wobei eine Woche mit einer ausgebildeten Heimhilfe war. Mann hatte ich vor der Prüfung Angst, dass ich es nicht schaffe und durchfalle. Dass ich nicht gut benotet werde und etwas Schlechtes in meinem Zeugnis steht. Roland war es irgendwie egal, wie es mir geht. Er hat mich nicht einmal gefragt, es sah so aus, als wäre ihm nur wichtig, was ich verdiene. Doch ich schaffte die Prüfung und war mächtig stolz darauf. Zum Abschied durfte ich von Roland aus nicht einmal mit meinen Kollegen etwas essen gehen mit der Begründung, dass es Geld koste und wir es nicht hätten. Damals dachte ich, dass es normal sei, wenn jemand einem anderen Menschen etwas verbietet, also habe ich es mir gefallen gelassen. Langsam fing er an, mein Aussehen verändern zu wollen, doch es fiel mir leider nicht auf. Er wollte, dass ich Stringhosen trage und Röcke oder kurze Hosen. Eigentlich lauter Sachen, die ich sonst nicht tragen würde. Aber wie das alte Sprichwort sagt: Liebe macht blind. Oder: In der Liebe sieht man alles rosarot. Ich trug also diese Sachen, auch in meinem Job. Mann war das unbequem und eng. Leicht war es nicht, damit zu arbeiten, auch nicht mit den Nägeln, die meine Finger zierten. Sie brachen mir immer ab beim Bettenmachen und ein Gefühl hatte ich auch nicht. Das störte mich aber zu diesem Zeitpunkt aber rein gar nicht. Heute würde ich es anders sehen.

Das erste Mal im Flugzeug

Was man Roland lassen musste: Mit Geld konnte er gut umgehen. Zwar zu seinen Zwecken, aber egal.

Es kam der Tag, an dem ich zum ersten Mal fliegen sollte in einem Flugzeug. Mann hatte ich Angst und es war ein Nervenkitzel. Wir fingen schon eine Woche vorher an, alles zu packen, weil ja nichts vergessen werde durfte. Ich hätte sonst die Worte von Roland in meinem Ohr gehabt. Dass er einen Nichtsnutz hätte, wo ich meinen Kopf hätte usw. Also schaute ich, dass ich alles einpacke und nichts vergesse. Es sollte in die Türkei gehen für eine Woche. Sein Bruder und dessen damalige Freundin flogen auch mit. Ich weiß nicht mehr, wann der Flug war, aber es regnete an dem Tag und war kühl. Es war irgendwie aufregend für mich, der Duty-free-Shop und das Boarding fühlten sich schon gut an in dem Moment. Das erste Mal so frei sein und ein neues Land kennenlernen. Wir fuhren dann mit dem Bus zum Flugzeug, machten noch schnell ein Foto und stiegen dann ein. Wir nahmen auf unseren zugewiesenen Plätzen Platz, dann war es soweit und wir rollten auf die Startbahn. Ich saß am Fenster und verfolgte alles ganz genau. Auf einmal fuhr das Flugzeug immer schneller und ich spürte es unter meinen Beinen, wie das Flugzeug abhob. Die Erde war immer weiter weg, die Häuser wurden immer kleiner und auch die Autos. Es war nichts mehr zu sehen außer Weiß. Es waren Wolken und dann auf einmal sah ich leicht die Sonne scheinen. Dann wurde sie immer stärker und da war sie, die Sonne. Sie war schön und strahlte nur für mich. Mir kam es so vor, als würde sie mich anlachen und wärmen. In diesem Moment vergaß ich total, Angst zu haben, weil ich eine innerliche Ruhe und Sanftheit spürte. Ich weiß, dass es Gott war, denn nur er kann diese Ruhe ausstrahlen. Man muss nur daran glauben.

Wir bekamen etwas zu essen. Ehrlich gesagt weiß ich nicht mehr, was es genau war, doch es schmeckte nicht schlecht.

Nach zwei Stunden Flug war es endlich geschafft. Wir landeten wieder und waren somit in einem anderen Land. Eine neue Kultur kennenlernen und neue Menschen, das war aufregend für mich. Dass es leider anders kam, sollte sich noch herausstellen. Denn wie üblich hatten wir für nichts Geld. Weil der Flug schon so teuer war. Nur dass ich es noch immer nicht verstand, weil ich die rosarote Brille noch aufhatte.

Wir waren also nur im Hotel und am Strand und teilten uns sogar eine Cola. Begründung war, sie würde sonst nur warm werden.

Sein Bruder überredete ihn aber, dass wir einen Tag in die Stadt fuhren. Auf einen Basar und dort shoppen gehen. Für Shoppen war er immer zu haben, weil man in der Türkei gut handeln kann und nicht allzu teuer einkaufen kann, vor allem Gewand. Man bekommt ja am Bazar Markenkleidung zum billigen Preis. Nur ob es wirklich Markenware ist, das wäre ein anderes Thema und darüber lässt sich streiten. Wir kamen dorthin und ich war neugierig wie ein Baby, das gerade auf die Welt kommt. In der Einkaufsstraße waren viele Geschäfte überdacht mit einem Tuch. Davor standen die Männer, denen das Geschäft gehörte, und jeder sagte, dass wir reinkommen sollen, weil er den besten Preis hätte. Nach einiger Zeit gingen wir dann in ein Geschäft. Es waren viele Lederjacken, das weiß ich noch. Roland wollte aber nichts kaufen, sondern nur etwas trinken. In jedem Geschäft bot ein Verkäufer nämlich höflicherweise etwas zu trinken an. Der liebe Mann zeigte aber liebevoll seine Jacken und hoffte, dass wir etwas kaufen. Denn eins muss man jedem Verkäufer lassen: Selbstbewusstsein haben sie mehr als ich. Was das Selbstbewusstsein betrifft, haben sie aber nicht mit Roland gerechnet. Das hatte er nämlich trotz seiner Größe und seiner Lebenserfahrung. Über seine Lebensgeschichte durfte ich bis heute noch nichts erfahren. Obwohl sie sicher interessant gewesen wäre. Leider ließ er sich nie in die Karten schauen, aber egal. Das Leben geht weiter.

Mir gefiel aber eine weiße Lederjacke, das weiß ich noch. Die war wunderschön, ich habe sie heute noch. Roland hat sich irgendwie überreden lassen. Er meinte zwar, dass er dann nix anderes kaufen würde, doch ich bekam die Jacke. Zu einer Jeans passt sie total und man strahlt damit auch sehr viel Selbstbewusstsein aus. Wir kauften die Jacke und gingen. Nach einiger Zeit fuhren wir wieder mit dem Bus zurück ins Hotel. Es war sehr spät und wir gingen ins Bett. Am nächsten Tag war Strand angesagt. Von richtigem Sandstrand war leider nicht die Rede, es war eher ein Steinstrand mit Zugang zum Wasser. Ich genoss im Wasser das Gefühl, getragen zu werden. Denn wenn man sich ins Salzwasser legt, dann trägt einen das Wasser. Das Salz hält einen wunderschön in der Waagrechten. Das ist herrlich, man kann alle Sorgen vergessen und Probleme werden ganz klein. Die Sonne scheint einem auf den Bauch, man weiß gar nicht, was man da alles verarbeiten kann. Denn die Sorgen und Probleme, die man hat, werden unwichtig. Man kann vor sich hinträumen und mehr Probleme verarbeiten, als man glaubt. Man muss es nur machen.

Der letzte Abend war da und wir hatten eine Veranstaltung im Hotel. Es trat eine Bauchtänzerin auf, die uns ihren Tanz präsentierte. Diese Dame hatte ein schönes Kleid, es war zwar bauchfrei, was ja ganz normal ist, doch die Dame war eine sehr hübsche mit einem kleinen Bauch, der wunderbar zu ihr passte. Eine wunderschöne Kette zierte ihren Bauch und diese hob sich immer leicht, wenn sie sich zur Musik bewegte. Es war eine Musik, wie ich sie noch nie gehört hatte. Eine Trommelmusik, die mein Herz beruhigte und auch meine Seele. Jeder einzelne Ton war wunderbar für meine Ohren. Jede einzelne Bewegung war darauf abgestimmt, einfach wunderbar anzusehen. Sie zeigte uns allen ihren Tanz, dabei schwang sie ihre Hüften und das sah alles so leicht aus. Doch ein Bauchtanz ist sehr schwer, man muss dafür sehr viel können, auch wenn es leicht aussieht. Einfach ein magischer, schöner Moment. Als wir schlafen gingen, hörte ich es aber von meiner besseren Hälfte. Genauer Wortlaut war: „Voller Schas das mit anzusehen und können hat sie auch nix." Denn was ich sagen möchte, leider hatte er an allem etwas auszusetzen. Egal was es war, nichts war ihm gut genug. Was ich damals aber mit knapp 19 Jahren noch nicht wusste. Er fand nichts schön, was ich heute erst sehe.

Wieder daheim

Es war wieder der Alltag eingekehrt. Man ging wieder arbeiten und machte den Haushalt. Roland hatte aber ein Hobby. Das war Motorradfahren, was wir jedes Wochenende taten. Es ist wunderschön, wenn man so hinten am Motorrad sitzt und die Freiheit genießen kann. Es kann aber auch langweilig werden. So setzte ich mir immer Kopfhörer auf und hörte Musik, wenn wir unterwegs waren. Ich kann mich noch an Berge erinnern und ans Wasser, das ich sah. Wenn wir auf der Autobahn fahren mussten, war es nicht so schön für mich. Eher langweilig, denn ich bekam nichts zu sehen.

Dass ich aber eigentlich lernen sollte, Selbstbewusstsein zu bekommen, wurde mir später erst klar. Mein Unterbewusstsein lernte zwar, ich nahm aber das Falsche auf. Trotzdem wendete sich noch alles zum Positiven und wer steckt wohl dahinter? Wir werden es erfahren, wenn wir alle Erfahrungen gesammelt haben und tot sind. Da sehen wir sicher Gott, denn ich glaube fest an ihn.

Doch mehr in folgender Geschichte.

Langsam fing Roland an, mich zurechtzubiegen. Ich musste das tragen, was er wollte und was im gefiel, damit ich eine Frau bin. Langsam fing ich an, mich verbiegen zu lassen. Ich zog immer mehr Röcke an und Stöckelschuhe, was mir so gar nicht entspricht. Denn einfache Kleidung und Ehrlichkeit waren mir wichtig. Nur Roland hatte so eine Art, die sehr überzeugend sein konnte und wenn nicht, schrie er sehr gerne mit mir. Wenn etwas kaputt ging, dann sagte er sofort, dass ich schuld sei und bezahlen soll dafür usw. Wenn das Essen nicht so wurde, wie er es wollte, war ich sofort die Blöde und die Depperte. Also nicht gerade höflich war er und hatte auch keinen Respekt vor mir. Ich musste sogar damals abnehmen, damit ich ihm gefalle. Wenn ich Lust auf etwas Süßes hatte, sagte er gleich: „Werd mir ja nicht zu dick, sonst kannst du heimgehen zu Deiner Mutter!" Das wollte ich natürlich auch nicht, denn ich wusste, was mich dort erwartet: NICHTS! Meine Mutter hatte den Nächsten, den sie kennengelernt hatte zu sich geholt, weil ich ja nicht mehr bei ihr wohnte. Der zog bei ihr ein und lebte mit ihr zusammen auf den immer noch 13 m². Da er gegen Katzen allergisch war, mussten damals meine Katzen leider weg. Roland wollte keine Tiere, also gab ich sie zu einer Bekannten ins Burgenland. Was mir sehr das Herz brach, denn ich liebte sie über alles. Ich wusste, dass sie beide Freiläufer wurden, nachdem sie 12 Jahre lang Wohnungskatzen gewesen waren und dadurch die Gefahr steigen würde, dass sie beide überfahren würden.

Miete zahlte sie auch keine mehr, weil sie ihm all ihr Geld gab. Laut ihrer Aussage musste sie ihn auch aushalten. Ich kannte sie lange genug und wusste, dass sie nicht ganz die Wahrheit erzählte. Denn sie drehte die Wahrheit sehr gerne um und erzählte auch nur ihre Sicht. Da sie keine Miete bezahlte, wurde sie auch aus dieser Wohnung rausgeschmissen. Es waren damals 300 Schilling Miete, also eigentlich ein Klacks. Noch dazu heiratete sie diesen Mann und glaubte, dass er die Erfüllung in ihrem Leben war. Obwohl mein Bauch schon damals sagte, dass sie es nicht tun sollte. Ich weinte sogar und sagte es ihr, doch sie machte es trotzdem. Es war der Tag der Hochzeit und Roland und ich waren eingeladen. Die Feier fand in einem Kaffeehaus statt und es gab nur etwas zu trinken. War mir auch recht, denn es war ja meine Mutter. Für Roland war es leider nicht so. Als ich so an der Theke saß, kam der Bruder des Bräutigams zu mir und redete ein paar Worte mit mir. Mehr habe ich an bösen Blicken nicht gebraucht. Roland sah mich an, als ob ich etwas Falsches machen würde. Schnell setzte ich mich zu ihm und hielt meinen Mund. Wenn ich heute daran denke, spüre ich seine Blicke immer noch. Wir waren zu Hause angelangt und die Vorhaltungen von Roland gingen schon los. Es waren nur Worte, denkt sich jeder, der das liest, doch in meinem Unterbewusstsein wurde es gespeichert. Von diesem Moment an hatte ich nicht mehr viel Kontakt mit meiner Mutter. Ich habe nur mitbekommen, dass sie die Wohnung verlor und kurzzeitig nicht wusste, wo sie schlafen sollte. Dass aber ein lieber Mann sie aufnahm wusste ich nicht. Doch das ist eine andere Geschichte, die ich später erzähle.

Die Tage vergingen und ich glaubte immer mehr daran, dass Geld die Welt regiert, doch ich war im Irrtum. Gott ist stärker als ich. Das weiß ich heute und ich weiß, dass er immer da ist und uns hört. Man kann ihn um alles bitten, ob alles in Erfüllung geht, weiß ich nicht. Denn niemand würde sich wünschenm krank zu werden, aber er würde nie seine Kinder enttäuschen, die er liebt. Er hält immer deine Hand, wenn es dir schlecht geht. Das ist mir heute bewusst.

Mein Leben mit Roland

Wie war aus meiner Sicht das Leben mit Roland? Es war Käse, wenn ich ehrlich bin, doch ich fing immer mehr an zu glauben, dass Geld die Welt regiert. Weil ich damals schon vieles erlebt hatte, doch ich sollte noch eines Besseren belehrt werden. Von wem denn?

Seine Ex-Frau, mit der er vor der Freundin verheiratet war, hatte mich auch schon irgendwie zu diesem Zeitpunkt nicht akzeptierte. Was nachvollziehbar war, da sie ja glaubte, dass ich die gemeinsame Tochter erziehen wollte. Was aber sicher nicht mein Ziel war. Denn das konnte ich nicht, es fehlte mir ja die Erfahrung dazu. Ich konnte diesem Kind nur Liebe und Wärme geben und mein Herz sprechen lassen. Ich überredete oft Roland dazu, dass wir die Kleine, die damals schon in die Schule kam, in den Urlaub mitnahmen. Er war ja strikt gegen noch ein Kind, weil er ja schon zwei hatte. Ein gewolltes und ein ungewolltes. Also sah ich seine Kinder auch als meine Kinder an. Weil ich Kinder über alles liebe und schätze. Weil sie ehrlich sind und das sagen, was sie denken.

Ich musste dreimal pro Woche ins Fitnessstudio gehen. Was meiner Gesundheit damals sicher nicht schadete, mich aber störte. Dann reden durfte ich nur wenn er wollte. Also hielt ich mich daran, lieber nichts zu sagen, denn dann würde ich wie immer bis jetzt nichts falsch machen. Mein Kleiderschrank war voller Sachen, die ich nur anzog, weil er meinte, dass eine Frau auf ihr Aussehen achten muss. Er hatte mich also körperlich dazu erzogen. So wie er es wollte. Dann kam aber der Punkt, an dem mir alles zu viel war. An dem ich merkte, dass ich nicht mehr glücklich war. Denn weil ich mein Aussehen veränderte und ich auf mich schaute, waren viele Männer darauf bedacht, meine Bekanntschaft zu machen.

So war es auch in einem Urlaub. Ich kann mich erinnern, das war wieder in der Türkei. Wir waren damals in Marmaris und es war wunderschön. Wir haben wieder am Strand gelegen, wo sogar diesmal seine kleine Maus dabei war. Da ich einmal das Tauchen ausprobieren wollte, weil ich da sicher wunderschöne Fische sehen würde, sagte ich das Roland. Unter Wasser kann man sich frei fühlen und sich von der wunderschönen Natur verzaubern lassen. Dabei dachte ich, dass es ganz einfach wäre zu tauchen. Es schaut ja ganz leicht aus. Dass es aber gute Nerven braucht, wenn man so wie ich wasserscheu ist, dann ist es nicht so leicht, doch sicher wunderschön. Wenn man auch irgendwie Angst hat innerlich vorm Ertrinken oder wenn man Wasser über den Kopf bekommt, dann sollte man auf diese Angst hören. Ich stellte mir das Tauchen wunderschön vor und wollte mich der Angst stellen.

Zumindest habe ich heute bewusster Angst, aber egal, ich erzähle weiter.

Roland erfüllte mir diese Bitte einmal tauchen auszuprobieren. Am Abend gingen wir gemeinsam auf einer Hafenstraße spazieren, die am Wasser liegt. Es lagen Boote im Hafen und viele boten einen Ausflug an. Ein Schiff bot auch Tauchausflüge an. Darauf waren zwei hübsche Männer, die sofort sahen, dass wir Interesse zeigten. Sie grüßten uns freundlich und erklärten uns vieles. Die Kosten, den Ablauf und so weiter. Da aber auch ein kleiner Hund dort war, zeigte Rolands natürlich Tochter mehr Interesse an dem Hund. Sie wollte unbedingt ein Foto mit ihm haben und fragte danach. Denn so selbstverständlich wäre das für uns nicht. Der Besitzer vom Hund sagte ja und wir machten eines. Wir fingen irgendwie an zu reden und verstanden uns eigentlich ganz gut. Der Besitzer des Hundes stellte sich als Sam vor und der zweite Mann als Dogan. Dogan würde noch mein Leben verändern. Wir machten einen Termin aus wegen des Tauchens und gingen nach einer Weile. Es war so weit, mein großer Tag, an dem ich zum ersten Mal tauchen ging. Sam konnte leider nicht ins Wasser, weil er am Schienbein eine Verletzung hatte. Es war ein anderer Tauchlehrer dabei, der nur Englisch konnte. Es waren auch noch andere Urlauber vor Ort, weil manche es schon oft taten oder es auch erst ausprobierten. Wir fuhren mit dem Schiff an eine Stelle, wo es schön war zu tauchen, und Sam, der sehr gut Deutsch konnte, erklärte uns alles. Was ok heißt, was wir machen müssen, wenn Wasser in die Brille kommt und an welche Regeln wir uns genau halten sollten. In mir stieg die Angst langsam hoch, doch ich hörte nicht darauf. Ich dachte mir, dass ich eh keine Angst haben muss, weil das mir eh nicht passiert, also bin ich jetzt mutig und tauche. Ich habe ja gelernt, nichts zu sagen, weil mir sowieso keiner zuhört. Schon gar nicht Roland, der würde mich nur wieder blöd anmachen. Kurz darauf saß ich fix und fertig mit Sauerstoffflasche und gefühlte 100 kg da und war soweit fertig, um ins Wasser zu gehen bzw. zu springen. Von einer schmalen Leiter aus, die ins Wasser reichte. Es sah noch immer leicht aus, wenn es andere taten, doch dann war ich an der Reihe. Ich war die Letzte. So kletterte ich auf die Leiter und hielt meine Taucherbrille fest. Langsam kam in mir die Angst hoch und Sam rief im nächsten Moment und ich sprang. Leider hatte ich nicht damit gerechnet, dass in dieser Minute meine Angst so anstieg. Als ich hochkam, spürte ich keinen Boden unter den Füssen. Meine Beine suchten ihn und fanden keinen Boden. Die Angst wurde immer größer und größer. Da sah ich schon den Tauchlehrer zu mir kommen, der versuchte beruhigend auf mich einzureden. Irgendwie habe ich es kurz geschafft, ruhig zu sein. Dann sagte er, dass er mich langsam unter Wasser lassen würde. Da war sie wieder, die Angst. Sie stieg mir bis in die letzte Haarspitze. Ich merkte nicht einmal, dass Roland und Sam mir zusahen. Ich sah nur so aus dem Augenwinkel, dass Sam sogar ins Wasser sprang, trotz seiner Wunde. Er kam auf uns zu und sah mir in die Augen und ich zitterte am ganzen Leib. Ich wusste nicht, was los war und war nur froh, Sam zu sehen. Irgendwie schafften wir es, langsam zum Schiff zu schwimmen. Sams Ruhe tat mir gut. Als ich an Bord kam, schimpfte mich Roland vor allen Leuten und beleidigte mich mit Worten. Ich war enttäuscht, dass er mich nicht in die Arme nahm, sondern mich beleidigte. Das alles würde viel Geld kosten und ich würde ihn blamieren, das volle Programm. Irgendwie war ihm meine Panikattacke egal. Es war also nicht der Mensch wichtig, sondern das Geld. Ich fragte aber Sam, ob Roland an meiner Stelle tauchen könne. Weil ja jetzt ein Platz frei wurde und wir ja bezahlt hätten. Sam sah mich liebevoll an und meinte, das wäre natürlich kein Problem. Als Roland unter Wasser war, stand ich mit der Kleinen ganz alleine da. Meine Augen füllten sich langsam mit Tränen. Doch Sam kam ruhig auf mich zu und sagte, dass so etwas passieren kann. Dass man Panik bekommen kann und es kein Problem ist und ich langsam zur Ruhe kommen soll.

Am nächsten Tag war ich total durch den Wind, zum ersten Mal in meinem Leben durfte ich eine Panikattacke erleben. Ich steuerte mit einer kleinen Luftmatratze hinaus und ließ meinen Tränen freien Lauf. Rolands Tochter versuchte mich zu trösten, doch ohne Erfolg. Ich war total fertig und fühlte mich echt hilflos, machtlos und ausgelaugt. Dass Gott mit mir einen Plan hatte, wusste ich immer noch nicht. Ich entfernte mich aber langsam innerlich von Roland , was ich aber noch nicht bewusst merkte. Denn Roland wurde mir langsam zu viel.

Dogan

Als wir daheim ankamen, fuhren wir einen Tag zu meiner Mutter. Sie wohnte inzwischen bei diesem Mann, der sie damals aufnahm, als sie die Wohnung verlor. Er hieß Berti und war ein ganz anständiger Mensch. Leider ließ sie das mit dem Alkohol noch immer nicht sein, doch mir war es egal. Wenn sie nicht getrunken hatte, war sie immer ein feiner Mensch, mit dem du reden konntest.

Roland und ich waren also dort und bekamen etwas zu essen. Roland sagte, wie immer, wie scheiße alles wäre. Doch diesmal hatte er nicht gewusst, was auf ihn zukam und ich natürlich auch nicht. Meine Mama stand auf einmal so da und fragte uns, was im Urlaub vorgefallen war. Sie nannte Uhrzeit und Tag genau. Das konnte sie nicht wissen, denn gesagt hat es ihr niemand! Weder ich noch Roland hatten das erwähnt, und schon gar nicht Tag und Uhrzeit. Irgendwie konnte ich es nicht glauben, doch innerlich spürte meine Mutter sicherlich, dass es mir nicht gut ging. Roland war eher weniger überrascht, ihn kümmerte das gar nicht. Doch in mir keimte in diesem Moment Hoffnung. Denn Liebe ist die stärkste Macht auf Erden. Sie hält einen und gibt Kraft.

Es war wieder Urlaubszeit. Da ja Roland immer gerne alles plant, war es nicht schlecht, jemanden zu haben, der einem alles abnimmt. Es wurde wieder Marmaris, doch diesmal ein Apartment. Es war September, aber noch warm in der Türkei. Es war richtig angenehm für diese Zeit. Die Sonne leuchtete vom Himmel und ich genoss es, mich in die Sonne zu legen. Am Abend trafen wir eines Tages Dogan vor einem Lokal und fingen an, uns zu unterhalten. Wir erfuhren, dass Sam zurzeit woanders war. Dass die Saison schon vorbei wäre und dass er aushelfen würde, um Geld zu verdienen. Wir setzten uns auch in dieses Lokal und tranken etwas. Dogan setzte sich zu uns und so lief es den ganzen Abend. Sagen wir so, Roland unterhielt sich, denn ich durfte wie immer nichts reden, sondern nur zuhören. Wir drei verabredeten uns, um gemeinsam in ein Tanzlokal zu gehen. Denn Tanzen war damals meine Leidenschaft, wenn ich mich so zum Rhythmus bewegte, spürte ich mich innerlich. Als ich so tanzte, merkte ich mit der Zeit, dass Dogan ein Auge auf mich hatte. Er war für mich tabu, weil ich ja mit Roland zusammen war. Im Innersten hätte ich gerne eine heiße Nacht mit ihm verbracht. Sein Aussehen war der absolute Hammer. Er war dunkel, hatte schöne Haare und wunderschöne braune Augen. Sein Körper war auch schlank und sein Bauch einfach sexy. Wer möchte nicht so einen Traum von einem Mann vernaschen?! Irgendwie erschien mir Treue als sehr wertvoll, egal wie man behandelt wird, also ging ich wie immer mit Roland heim. Gedanken sind aber frei und was meine Gedanken waren, weiß nur Gott. Als wir uns wieder verabredeten, waren zwei andere Frauen dabei. Es waren auch zwei Österreicherinnen, die mit Dogan an einem Tisch saßen. Leider weiß ich nicht mehr, wie sie hießen, doch sie waren die Ersten, die wussten, dass ich unglücklich war.

Roland und ich hatten gestritten eines Abends und ich ging alleine spazieren. Ich flüchtete und begegnete auf meinem Weg Dogan. Er hatte ein Ohr für mich, was mir natürlich guttat. Langsam spürte ich aber, was er wirklich wollte. Nämlich mich ins Bett bekommen. Mir gefiel das gar nicht und ich fing an, mich ihm zu verschließen und ließ in nicht weiter an mich ran. Schnell verlor er das Interesse und hatte schon eine andere Dame im Auge. Es kamen auch die zwei Frauen ins Lokal und sie redeten ganz normal mit mir. Sie sagten, dass sie es sich nicht gefallen lassen würden, wie Roland mit mir umging und dass ich gehen soll. Als ich so dasaß, vergaß ich natürlich die Zeit. Denn es tat gut, mal zu reden und alles loszuwerden. Als ich wieder ins Apartment kam, war Roland noch wütender. Er ließ es mich förmlich spüren, dass es ihm nicht passte, dass ich mit wem anders redete. Ich erzählte natürlich nicht, dass ich Dogan getroffen hatte. Denn sonst wäre es sicher noch schlimmer geworden für mich. Einen Tag bevor wir wieder abreisten, gingen wir noch einmal spazieren. Da trafen wir Dogan, er setzte sich zu uns und wir machten ein letztes Foto. Auf dem Foto sieht es aber so aus, als ob Dogan und ich ein Paar wären. Denn er lehnte sich ganz nah zu mir, sodass jeder glaubte, dass ich seine Freundin wäre. Ich weiß nur, dass es mir total peinlich war. Denn ich merkte nicht, dass ich meine Hand auf seinem Knie hatte. Obwohl er nur mit mir ins Bett wollte. Roland sah das und mehr brauchte es dann nicht. Daheim fing er an, mich zu beschimpfen und anzuschreien. Dass ich mich nicht mehr schminken darf, wenn ich alleine unterwegs bin und dass ich aussehen soll wie ein Alien. Dass mich ja keiner mehr anschaut und mich jeder nur ins Bett bekommen will. Mir tat es tierisch weh, denn für mich zählt nur der Mensch.

Petra, seine Ex-Frau

Als wir wieder daheim waren, ließ mich Roland spüren, dass ich in seinen Augen nichts wert war. Obwohl ich mein Bestes gab in der Beziehung, war es nicht gut genug. Eines Tages kam Petra vorbei, um Astrid abzuholen und die Monatskarte zu bringen. Weil ich sie ihr geborgt hatte, damit sie nichts bezahlen musste für die Fahrt mit der Straßenbahn. Sie hatte einen leichten Damenspitz, als sie kam, weil sie mit einer Freundin zusammen war. Irgendwie verstanden wir uns gut. Nur leider überredete sie mich, auch etwas zu trinken. Ich weiß nicht mehr, was es war. Nur komischerweise ließ mich Roland gewähren, was er sonst nicht so gerne tat. Frauen mit Damenspitz sind nicht vorzeigbar. Petra war da aber im Vorteil und bei ihr sah er darüber hinweg. Ich kann mich noch erinnern, dass ich genug intus hatte. Wenn eine Betrunkene die andere heimbringt, kann das recht lustig sein. Als wir zu ihr gingen, war aber auch Michaela daheim. Wir beide klopften in unserem Rausch an und lachten über uns. Es war nur recht lustig, das weiß ich, aber auch irgendwie fühlte ich mich ungebunden. Ich glaubte, dass ich Petra vertrauen könne und sie wie eine Schwester für mich sein könnte, auch wenn sie älter war. So fing alles mit Petra damals an. Sie kam in mein Leben und ich spürte, dass sie fast das gleiche Schicksal hinter sich hatte wie ich. Das hieß Roland und sie würde mich verstehen. Dass wir dann noch ein gemeinsames Hobby haben würden, wusste ich nicht.

Es war wieder einmal so weit, dass Roland und ich in den Urlaub flogen. Diesmal in die Dominikanische Republik nach Punta Cana. Das war etwas Besonderes für mich. Ganz weit weg und wunderschön. Ein Land wie im Bilderbuch, aber auch ein sehr armes Land. Man darf ohne Begleitung die Anlage nicht verlassen, denn es könnte etwas passieren oder man könnte überfallen werden. Es sind acht Stunden Zeitunterschied zwischen den Ländern und wir waren wach, obwohl es Nacht war, als wir ankamen. Nur eins hat das Volk, was wir nicht mehr haben. Das ist Freundlichkeit, ob es echt ist oder nicht, weiß ich nicht. In dieser Anlage waren Animateure angestellt und natürlich auch Arbeiter. Am Abend waren die Animateure für uns da und die Arbeiter unterstützten sie dabei. Roland sah bei jeder Show zu und fand sie immer ganz ok. Danach gingen wir immer schlafen. Untertags waren wir zum Großteil am Stand und lagen dumm herum. Einen Tag machten wir einen Ausflug auf die sogenannte Bacardi-Insel. Mann war die schön, ein wunderschöner Sandstrand, der weiß war, und das Wasser war Türkis. So wie man es im Fernsehen sieht. Es gibt sogar ein Foto davon, es war richtig traumhaft und wunderbar anzuschauen. Ich liege auf einem Baum und bin braun gebrannt, weil die Sonne dort sehr stark ist.

Was Fotos betrifft, gibt es viele von mir, nur es gibt auch andere. Die will Roland von jeder Frau haben, die sind sexy und wie von einem Fotomodel. Ich glaube, dass er immer eine Frau braucht zum Herzeigen. Die schön sein muss, um dadurch sein Selbstbewusstsein zu stärken. Innerlich ging es mir nicht so gut, ich war einsam und alleine. Denn reden oder Bekannte kennenzulernen war für Roland nichts. In keinem Urlaub, es war ihm nur Einsamkeit und Aussehen wichtig. Er war eher der Einzelgänger. Ich sehnte mich aber schon nach Meinungen von anderen und natürlich auch nach Gesellschaft. Lachen und gemeinsames Weinen. Nur leider hatte ich das nicht, sondern nur Einsamkeit. Doch der Urlaub hatte es noch in sich. Ich erzähle weiter:

Natürlich haben sich andere Männer auch nach mir umgesehen. So auch ein Arbeiter, wobei ich seinen Namen nicht mehr weiß. Nur irgendwie machte er es schlauer als Dogan damals. Wieder war es abends und wir sahen uns die Aufführung an. Zum Schluss tanzten die Arbeiter und holten die Frauen auch hinaus. Ein Mann kam auf mich zu und holte mich zum Tanzen. Sofort ging ich mit, denn ich dachte mir gar nichts dabei. Er sagte, er habe einen Zettel für mich mit einem Namen und einer Adresse. Ich wusste sofort, wer ihn mir schickte. Weil es gab jemanden, der mir immer zulächelte und zwinkerte. So nahm ich den Zettel und steckte ihn ein. Als es vorbei war, setzte ich mich wieder auf meinen Platz und der Zettel war in meiner Hosentasche. Ich sagte, dass ich aufs Klo gehe und gleich wiederkomme. Als ich im Zimmer war, nahm ich den Zettel und sah, dass Name und Adresse darauf standen. Was aber in diesem Moment für mich nicht wichtig war. Ich ging also wieder runter und wollte zu Roland, da stand diese Person vor mir, die mir den Zettel geschickt hat. Er nahm mich bei der Hand und führte mich dorthin, wo er wohnte. Was ja nicht weit weg war, weil er in der Anlage sein Zuhause hatte. So wie jeder Arbeiter dort. Er führte mich zu einer Bank und ich setzte mich neben ihn. Für mich war es sehr interessant, wie sie leben und ich sah mir alles ganz genau an. Dann saß ich auf der Bank und ehe ich mich umsah, bekam ich auch schon einen Kuss. Ich habe ihn erwidert, weil ich es genoss, dass wer Interesse an mir hatte. Dass der Mann in diesem Moment glaubte, ich sei reich , war mir egal. Ich genoss es einfach und dachte nicht darüber nach. Als ich wieder an meinen Platz zurückkehrte, erwartete mich Roland schon mit einem Blick, der mir signalisiert, ich hätte etwas falsch gemacht. Denn wegen des Kusses hatte ich leider auch die Zeit vergessen. Roland machte mich total nieder und fing an, mich mit Verachtung zu strafen. Das bisschen Liebe, die ich von ihm bekam, verwehrte er mir nämlich auch noch auf grausame Art und Weise. Er redete einfach nicht mehr mit mir. Ich versuchte zwar, es hinzubekommen, nur fehlte mir leider die Kraft dazu, und wenn ich ehrlich bin, wollte ich auch gar nicht. Er tat zwar so, als ob wie immer alles in Ordnung wäre, doch innerlich hasste er mich dafür.

Es war der Tag der Abreise und ich ging noch einmal bei diesem Mann vorbei. Er wollte aber nur etwas von meinen Kettchen haben, die ich trug. Mehr nicht, ich war ihm in dem Moment egal, auch wenn ich versucht hatte, es ihm zu erklären. Ich gab ihm ein Armband und ging. Das hat Roland mitbekommen, weil es natürlich fehlte. Das förderte seinen Zorn noch mehr und er schimpfte mich und ignorierte mich noch mehr.

Als wir in das Flugzeug stiegen und auf den langen Flug warteten, sagte er nur zu mir: „NEGERHURE, jetzt bin ich am

Handeln und du wirst dein blaues Wunder erleben." Mann tat das weh, ich wusste zwar, dass ich etwas Unrechtes tat. Doch irgendwie hoffte ich, dass alles wieder gut werden würde. In Wien gelandet, fuhren wir nicht heim, sondern zu Petra. Sie sollte für Roland den Schiedsrichter spielen und mir die Meinung sagen. Das ich etwas Falsches gemacht hätte und es deshalb notwendig wäre, mich zu beschimpfen. Nur tat sie das nicht, sondern hielt sich gekonnt raus. Roland sagte zwar immer, dass er sich gebessert habe, weil in der Ehe habe er Petra ja betrogen und geschlagen. Dass aber eine seelische Missachtung genau so schmerzhaft sein kann, weiß ich heute.

Wir waren zu Hause und Roland beruhigte sich irgendwie wieder. Im Laufe der Zeit versuchte er mir einzureden, dass jede Frau davon träumt, einen zweiten Mann im Bett zu haben. Nur war das nie ein Traum von mir gewesen, sondern seiner. Irgendwie willigte ich aber ein. Was er aber nicht wusste und Gott aber schon war, dass ich anfing, viele Träume und Wünsche niederzuschreiben. Ich hatte ein Heft in meinem Nachtkästchen, wo einiges drinstand. Unter anderem auch, dass ich seelisch nicht mehr kann und dass er mir helfen soll.

So suchte Roland einen Mann. Er hatte einen gefunden und ich betäubte mich mit Alkohol, was ich auch durfte. Er sah nicht einmal schlecht aus, sondern wie Falco. Ich stieg darauf ein, aber irgendwie spürte ich noch immer im Unterbewusstsein, dass es falsch war. Drehte mich um zu Roland und sagte zum ersten Mal, dass ich es nicht kann. Dann ging ich ins Wohnzimmer und fing an zu weinen. Ich hörte aber nur, dass Roland zu dem Mann sagte, dass man auf mich nicht stolz sein kann, weil ich es nicht tue. Dass ich nichts wert bin, weil ich Nein sagte. Dass ich ihm aber egal war als Mensch, das war aber nichts wert. Nur wenn man stark ist, dann wäre man etwas wert. Doch was dieser Mann getan hat, war ok. Er ging nämlich und stieg nicht wirklich darauf ein. Innerlich schloss ich aber mit Roland ab. Ein paar Tage waren vergangen und ich sagte zu ihm, dass ich auf das noch einmal einsteige. Er soll einen Mann aussuchen und ich mache es. Dass es für mich das Letzte war, was ich tat, das sagte ich aber nicht. Ich hatte nämlich auf einmal so eine innerliche Kraft, nur war es leider eine andere. Roland suchte einen und wir fuhren hin. Wir wussten nicht, dass es jemand wäre, der richtig eklig war und nicht mein Typ. Ich stieg aber darauf ein und ließ es über mich ergehen. Mir liefen wieder die Tränen hinunter und ich hoffte, dass es schnell vorbeigeht. Als wir beim Auto waren und ich es hinter mir hatte, sagte ich nur: „Das ist das Letzte, was ich für dich tat, jetzt gehe ich." Er lachte nur und meinte, dass er sehr stolz auf mich wäre und ich sein Liebling bin. Am nächsten Tag ging ich aber zu Petra und erzählte ihr alles. Sie war erschüttert und sagte mir nur, dass sie sich das nie gefallen lassen würde. Endlich war alles draußen und nicht mehr hinter verschlossenen Türen.

Ich fühlte mich um ein paar Kilo leichter und fühlte mich freier.

PS: Zu diesem Zeitpunkt hatte ich bei einer Größe von 1,63 m 52 kg und war aber Roland zu dick!!

Gott aber freute sich und hatte Angst, obwohl ich es nicht wusste!

Die Trennung

Es vergingen noch ein paar Tage, bis ich mich trennte. Denn so von heute auf morgen konnte ich es nicht. Petra war aber sehr geduldig mit mir und hatte immer ein offenes Ohr für mich. Sie brachte mir die Kelly Family näher und mein Herz schlug damals für Jimmy Kelly. Jeder, der in kennt, wusste, dass das nur Schwärmerei war, aber egal, für mich war er real. In mir dachte ich nur: Wenn er es nicht ist, dann keiner. Ich war damals nicht einmal 20 Jahre alt und fast noch ein Kind. Denn schwärmen war für mich neu und es war schön und nicht real. Eine richtige Flucht aus dieser Welt und was ganz Schönes. Doch dazu später mehr.

Es war der Tag gekommen, als ich mich trennte von Roland. Er fuhr mich damals zu meiner Mutter und ich glaubte in ihr zumindest jemanden zu haben, der mich versteht. Nur leider war es nicht so. Das Einzige, was ich hörte war: „Ich bin doch nicht vom Sozialamt." Roland war das aber so ziemlich egal und ich spürte nur, dass der Weg ein anderer sein müsste. Dass ich nicht mehr so leben wollte wie bisher. Nur leider hatte ich die Rechnung ohne meine Mutter gemacht. Denn sie hatte an diesem Tag etwas getrunken und war gar nicht nett. Wer aber nett war, das war ihr Freund Berti. Er strahlte irgendwie Ruhe aus und war auch sehr nett. Ich rief also Petra wie aus Geisterhand an und fragte sie, ob sie mir helfen könne. Sie sagte, sie würde schauen, dass ihr Bruder Christoph mich abholen kann. Damit ich dem seelischen Druck nicht mehr ausgesetzt wäre. Egal von wem und wie hätte ich das als Mensch nicht verdient. Das tat irgendwie gut, denn ich bekam zum ersten Mal Mitgefühl. Roland fuhr gleich, auch wenn es wehtat, denn er glaubte, dass Peter, ein ehemaliger guter Freund, mich holen würde. Peter war mit Petra zusammen und Roland und er hatten eine üble Geschichte in ihrer Vergangenheit.

Berti half mir, die Sachen hinunterzutragen, die wir vorher mühsam raufgetragen hatten. Ich wartete auf Christoph, der kurzerhand sagte, dass er mich aufnimmt. Dass ich bei ihm wohnen kann. Was ich in diesem Moment sehr lieb und cool fand. Was ich aber dachte, war, dass ich mit meinem Aussehen alles haben kann. Was aber leider nicht stimmte. Denn man muss selbst etwas tun, da hilft einem Gott nicht. Gott hilft nur, wenn man etwas wirklich will, und gibt einem Kraft. Er würde einem nie etwas in den Schoss legen, aber helfen. Sein Ziel zu erreichen, egal wie schwer es ist. Man braucht nur zu fragen.

Es waren nicht einmal 40 Minuten vergangen, da stand Christoph vor mir. War das für ein hübscher Mann bzw. das ist er ja sicher noch immer. Er war zwar nicht ganz mein Typ, aber egal, er sieht gut aus. Ich verliebte mich sofort in ihn. Dass er mir aber nur zu Hilfe kam, wollte ich in dem Moment nicht sehen, ich sah nur das Äußere. Denn dafür war keine Zeit, auf das Innere eines Menschen zu sehen, ich wollte nur von dem seelischen Druck weg. Egal ob er Roland hieß oder meine Mutter war. Denn der Druck war leider sehr erdrückend. Wir räumten meine Sachen ins Auto und fuhren los. Das tat gut und war sehr befreiend. In meinem Inneren war aber eine gewisse Unsicherheit. Ich wusste nicht, was ich machen sollte und wie ich mich verhalten sollte. Nicht über meine Gefühle zu reden, war sehr schwer, und es wurde mir ja nie beigebracht. Also tat ich das, was ich am besten konnte, nämlich nix sagen. Denn über seine Gefühle reden war ja tabu und wurde nie erlaubt. Ich war ja in jeder Situation alleine, also wem sollte ich es sagen?! Wenn ich etwas sagte, dann hörte ich maximal: „Du kennst dich nicht aus" oder „Ich habe keine Zeit!" Eines hatte ich aber noch: mein Aussehen. Das war in diesem Moment das Einzige, was ich hatte. Nur leider verwendete ich es zum Negativen. Ich kam mit Christoph bei ihm zu Hause an, ich wusste, dass er gerade am Umbauen seiner Wohnung war und viel zu tun hatte. Er redete mit mir und irgendwie merkte er, dass es eher kühle Gespräche waren. So fragte er mich, ob er seinen Hund holen soll. Es war ein kleiner Hund mit Namen Jenny. Sie war richtig süß und ein richtiger Lauser. Sie fand sofort meine liebvolle Seite und gab mir Liebe auf den ersten Blick. Sie sah nicht mein Äußeres, sondern in mein Herz, das sehr tief vergraben war. Irgendwie passierte das Unglaubliche: Christoph ging eine Beziehung ein mit mir und verliebte sich in mich für kurze Zeit. Es stellte sich nämlich dann für ihn heraus, dass ich nicht wirklich bodenständig und noch wie ein Kind war. Man sollte sein Leben ja auch in jedem Atemzug genießen und den anderen nicht besitzen wollen. Also sagte er mir nach kurzer Zeit, dass ich mir eine Wohnung suchen soll. Für mich war das aber ein Schlag ins Gesicht, denn ich wusste nicht, warum, denn ich war ja hübsch und jeder wäre froh, wenn er so eine Frau hätte. Ich hätte ja alles getan, um in einer Beziehung zu sein und nicht alleine. Ich tat aber trotzdem, was er sagte und fing an, mir eine Wohnung zu suchen. Nach kurzer Zeit fand ich eine. Sie war zwar nicht sehr groß, aber ich fühlte mich sofort wohl darin. Die Wohnung war klein, aber fein, und ich lernte durch das Alleinleben, auf eigenen Füßen zu stehen. Was mir aber noch nicht bewusst war und was ich auch nicht wissen wollte. Doch was sich im Nachhinein als sehr wertvoll herausgestellt hat.

Ein Neubeginn

Petra war in der Zeit immer an meiner Seite. Sie half mir, wo sie nur konnte. Sie war einfach da und ich hielt mich fest. Also begann ich mein Leben an ihr aufzuhängen, was ich aber nicht merkte. Dass ich auch sicher da den Grundstein für meine Erkrankung legte, das war mir nicht bewusst. Denn niemand kann alles alleine schaffen. Egal ob seelisch oder körperlich, denn irgendwann ist man am Ende.

Langsam lernte ich, dass es nicht so einfach ist, ganz alleine zu sein. Man stößt irgendwann einmal an seine Grenzen. Leider war mir das zu diesem Zeitpunkt nicht bewusst und ich fing an, in eine falsche Richtung zu gehen. Ich wurde ein Männerfressendes Weib und spielte viel mit ihnen. Denn der Hass war sehr groß in mir. Es sollten alle so leiden wie ich, dachte ich mir, egal wie, aber sie sollten es. Mein Selbstbewusstsein war also sehr falsch. Es war aber toll für mich, denn keiner kam mir zu nahe, auch wenn ich so wirkte. Nur ich sah das nicht und mein Konto war immer im Minus. Was mir aber ziemlich egal war. Ich fing an, ungesund zu leben und mir einen zweiten Job zu suchen. Ich fand einen Job in einer Videothek und fühlte mich wie eine Prinzessin auf der Erbse. Viele Männer fanden mein Aussehen sehr gut und ich nutzte das voll und ganz aus. Also habe ich mein Leben voll in Griff, dachte ich mir, nur war es leider nicht so, denn innerlich war ich sehr einsam, auch wenn ich das nie zugegeben hätte. Denn ich bin ja eine starke Person und schaffe alles. Ich brauche ja keine Hilfe, dachte ich mir, was aber sicher nicht richtig war, denn Hilfe braucht jeder Mensch. Niemand ist fürs Alleinsein geboren und gemacht, nur bekommt man Anerkennung nicht für das Aussehen oder für Geld. Jeder wird sich jetzt denken, dass ich hart mit mir ins Gericht gehe oder dass es normal wäre, so zu handeln. Papa Gott hat auch seine Regeln genau wie unser Körper. Das soll aber erst jedem gezeigt werden, wenn es so weit ist, dass es etwas Wichtigeres als Geld und Aussehen gibt: Nämlich das LEBEN! Dieses sollte und muss man wertschätzen und auch sich selbst. Denn das stellen wir in jeder Minute hintenan. Ich kann jetzt nur eins sagen, dass es sehr wertvoll ist und wir es schätzen müssen.

Tischrücken

Ja, das habe ich auch einmal gemacht, sehr intensiv sogar. Viele werden sich denken: „Mann tat diese Frau einen Blödsinn!" Haben sicher schon viele ausprobiert, nur vieles, was kam, ist auch eingetroffen. Einiges werde ich hier erzählen. So hat alles begonnen: Petra und ich verbrachten viel Zeit zusammen. Sogar die gleichen Interessen hatten wir. Wir mochten eine Musikerfamilie und setzten unsere ganze Liebe und Energie dahinein. Wir fuhren auf viele Konzerte und wir vergötterten sie fast. Es wurde zum Lebensinhalt. Unser größter Wunsch war, diese Stars einmal persönlich kennenzulernen und Zeit mit ihnen zu verbringen. Wir waren richtig verrückt nach ihnen, taten aber nie etwas Unrechtes. Wenn wir auf eines ihrer Konzerte fuhren, waren wir wie in einer anderen Welt. Einer schönen Welt, frei von allen Zwängen und von jedem Druck. Das Hirn hat einfach abgeschaltet und wir fühlten nur. Es war wunderschön, traumhaft und wir fühlten uns frei. Petra stellte mich einer Frau vor, die Claudia hieß. Sie war einfach wunderbar und ihre Schwester auch. Ihr Hobby war zu diesem Zeitpunkt Tischrücken und diese Familie nicht so intensiv wie wir, aber doch. Wir hatten sofort etwas zu reden und hatten viel Spaß. Wir malten uns die verrücktesten Dinge aus, wenn wir am Abend zusammen waren. Dass wir zum Beispiel hinaus tanzen würden ins Vorzimmer und nach der Reihe mit einem von der Familie hinein ins Zimmer tanzen würden. Mann waren wir lustig drauf, was richtig guttat. Ich muss ehrlich sagen, dass ich einen netten Damenspitz hatte und es natürlich lustiger klingt da. Wir lachten viel und versuchten gemeinsam, alle Texte zu übersetzen. Irgendwie kamen wir auf das Thema Tischrücken. Dass dies der Anfang von meinem Ende war, sollte mir erst später klar werden. Natürlich war mir am Anfang mulmig zumute. Doch was sollte passieren? Irgendwie reizte es Petra und mich. So machten wir einen Tag, um uns zu treffen und es auszuprobieren. Was das für ein Tag war, weiß ich leider nicht mehr, doch es war hell draußen, das weiß ich noch. Wir bereiteten alles vor und starteten los. Alle legten die Hände auf den Tisch, doch es tat sich nix. Außer, dass es kühl an den Händen wurde und ein leichter Luftzug zu spüren war, obwohl keiner ging. Claudia und Denis hatten da schon viel Erfahrung damit und meinten, dass irgendwer von uns beiden blockieren würde und es darum nicht funktionierte. Wir beließen es aber nicht dabei, sondern verabredeten uns wieder. Ich musste wieder arbeiten am Abend und hatte nur ein paar Stunden Zeit. Der Abend war gekommen, an dem wir uns wieder trafen. Diesmal war es wieder so wie jeder andere Abend, locker und lustig, und wir alle hatten einen leichten Schwips. Wir redeten wieder darüber und ich fragte, ob sie das Tischerl zur Hand haben. Claudia sagte natürlich ja und Denis holte es. Diesmal war es aber anders als das letzte Mal. Wir legten unsere Hände darauf und nach kurzer Zeit fing es sich an zu bewegen. Mann hatte ich geschaut, aber ich hatte keine Angst, sondern war nur überrascht, dass es sich bewegte. Ich ging aufs WC nach kurzer Zeit und fing an zu beten, was ich immer tat, weil ich da meine Ruhe habe. Als ich zurückkam, sagten mir alle, dass es nicht die Kraft hatte, weiter zu fahren und wenn ich meine Hände darauflegte, würde es wieder schneller. Ich dachte mir nichts dabei und legte wieder meine Hand darauf. Auf einmal war eine Kraft da und eine Schnelligkeit, so etwas hatte ich noch nie gesehen. Das Tischerl kam auf mich zugefahren, als würde ein Zug in den nächsten Bahnhof rasen. In mir stiegen Tränen hoch und langsam fing ich an zu stottern und fragte, wer mir etwas zu sagen hätte. Leider konnte es die Energie nicht schreiben, weil keine Buchstaben da waren, sondern nur ein leeres Blatt Papier. Also fragte ich als Erstes nach dem Namen, der mir einfiel: „David, bist du das?"

David war nämlich mein Lieblingscousin. Er war leider schwerstbehindert, als er zur Welt kam. Lebte in einem Heim, wo meine Großeltern und ich ihn oft besuchten. Er hatte ein wunderschönes Lächeln und war ein wunderschönes Kind. Er war zwei Jahre jünger als ich und wurde nur neun Jahre alt. Es war ein riesen Herzschlag für mich, als er starb. Ich hatte tief in der Seele nur gesagt: „Nehmt mir meinen David nicht weg, nehmt ihn mir nicht weg!" Mehr nicht. Ich liebte und liebe ihn noch heute über alles und weiß, dass er immer für mich da ist, auch wenn er wieder zurück auf Erden ist. Nicht einmal weit weg von mir. Doch das ist eine andere Sache.

Nun weiter mit der Geschichte:

Das Tischerl zeigte irgendwie „JA, ich bin es". In mir stiegen Tränen hoch und ich war über glücklich, dass es er war. Ich fühlte mich sicher und irgendwie beschützt. Es war wunderschön, ich redete zwar nicht viel, doch spürte ich seine Nähe ganz intensiv, was ich nicht beschreiben kann. Am nächsten Tag konnte ich es noch immer nicht glauben, obwohl ich mich sehr bedankte bei ihm, dass er da war und ich mit ihm reden durfte. Denn so selbstverständlich ist das nämlich nicht, dass das passiert. Sie reden nur mit dir, wenn du es als Mensch brauchst und keine Angst davor hast. Sie begleiten einen aber immer, egal was passiert.

Die Neugier

Petra und ich waren neugierig, ob es bei uns alleine auch funktioniert. Denn nach einer gewissen Zeit vergisst man ja wieder und es kommt der Alltag. Wir fragten Claudia, ob sie uns das Tischerl borgen würde, damit wir es auch ausprobieren könnten. Sie bejahte und so gingen wir schnurstracks zu mir nach Hause, um es auszuprobieren. Wir legten unsere Hände darauf und warteten, was passiert. Wie üblich passierte gar nichts, nur der Luftzug bei den Händen war zu spüren. Wir wollten schon wieder aufgeben, doch auf einmal fing es an, sich ganz langsam zu bewegen. Wenn ich ehrlich bin, hatten wir in diesem Moment die Hosen richtig voll und wussten nicht, was passiert. Wir saßen steif am Couchtisch und wussten nicht, was wir machen sollten. Es hat uns total die Sprache verschlagen und unsere Augen hatten wir weit geöffnet. Irgendwie war das alles noch Spaß, wir wussten aber nicht, dass es bitterer Ernst ist. Nach kurzer Zeit hörten wir aber auf und vergaßen es auch wieder. Es wurde Abend und es war für mich Zeit, schlafen zu gehen. Ich verspürte eine große Angst und machte kein Auge zu. Damals hatte ich auch einen Hasen, der in dieser Nacht sehr unruhig war. Ich rief Petra an und erklärte ihr die Lage. Sie wusste nicht wovon ich rede, brachte mir aber ihre Tochter runter, damit ich schlafen konnte.

Am nächsten Tag fragte Petra mich, was genau los war, und ich erzählte es ihr. Sie rief Claudia an und erzählte es ihr. Claudia meinte, dass ich mir sicher einen Geist in die Wohnung geholt und dieser sich so bemerkbar gemacht hätte. Wir sollten kommen und mit ihnen noch mal Tischrücken, vielleicht ginge er wieder. Dass es mein Cousin war, das sagte das Tischerl aber diesmal nicht. Dass ich keine Angst haben müsste und alles ok wäre. Ich war einfach im Dunkeln und hatte keine Ahnung. Wir waren also bei Claudia und wir sprachen mit dem Tischerl. Ab dieser Nacht konnte ich wieder ruhig schlafen. Nur die Neugier von mir und

Petra blieb gleich und der Reiz, es noch mal zu versuchen, also taten wir es auch. Die Angst war noch nicht sehr groß. Eines Abends, wir hatten wieder einen Mädelsabend, probierten wir aus, ob es auch mit einem Glas funktioniert. Petra und ich, denn die anderen zwei schliefen schon friedlich im Bett. Shit, diesmal funktionierte es sogar besser als mit dem Tischerl. Das Glas fuhr so schnell, dass sogar fast unsere Finger runterfielen. Wir fingen an zu lachen und machten uns einen Spaß daraus. Wir sagten es auch niemandem, denn wir würden ja für blöd gehalten werden. Das wollten wir auf keinen Fall.denn wir brauchten ja keine Hilfe. Es war ja ganz einfach und lustig. Niemand konnte uns jetzt mehr davon abhalten, uns einen Spaß daraus zu machen. Jetzt wussten wir, dass es funktioniert und dass es auch geht nur mit Petra und mir. Also fingen wir an, alles auszuprobieren, ob es fährt, wenn wir die Hände darauflegten oder unsere Finger. Es bewegte sich alles und wir kicherten immer. Ja, wir probierten es sogar in einem Geschäft aus, ob es funktioniert. Was es auch tat und es machte keinen Halt davor, wo es war. Langsam fingen wir an, ein Gefühl zu bekommen dafür und wir machten unser eigenes Brett und Auge. Ich weiß noch, dass es ein rotes Papier war. Wir fragten ja, welche Farbe sie wollten. Richtig besessen waren wir und konnten dadurch keine eigenen Entscheidungen treffen. Jedes Mal wurde etwas draufgeschrieben. Zuerst waren es die Buchstaben, dann Zahlen und sogar vereinzelt Sätze. Wir saßen oft stundenlang und redeten nur mit dem Tischerl. Was es wirklich war, weiß ich bis heute nicht genau. Es meldete sich immer am schnellsten David, er war immer da, wenn wir die Finger darauflegten. Wir bekamen aber auch Energien hinzu wie zum Beispiel den Papa von Petra, ihre Oma und auch von meinem Bruder die Uroma. Wir fragten sie Sachen wie: „Warum gibt es Donner und Blitz, was passiert da genau?" oder „Wollt ihr eine Wurstsemmel?" usw. Dann passierte etwas, womit wir alle nicht gerechnet hatten und was uns Angst machte. Die Energie wurde immer anders, wenn ein anderer an der Reihe war zu reden und da zu sein. Diesmal wurde sie aber nicht anders. Sondern blieb gleich und wir dachten, es macht sich jemand einen Spaß.

Es war Luzifer!!!! Wir hatten zwar unseren Spaß noch, doch es war in diesem Moment bitterer Ernst und mit Vorsicht zu genießen, denn wir wussten nicht, auf welcher Seite er war. Denn jetzt war nicht mehr alles lustig und wir wussten nicht, wie wir damit umgehen sollten.

Heute sage ich aus Überzeugung, dass es auch Schabernack gibt, doch wenn man Gott an seiner Seite hat und versucht zu verstehen, braucht man auch vor Luzifer keine Angst zu haben. Das ist nämlich ein Engel, genau wie jeder andere, nur wir machen ihn böse und schieben ihn in diese Schiene. Er würde es nie tun. Dessen bin ich mir bewusst. Denn sie dürfen nur helfen und uns nicht leiten. Das dürfen wir nur selbst und jede Entscheidung, die wir treffen, ist unser freier Wille. Denn es ist jedem selbst überlassen, wie er lebt und handelt. Dafür hat uns Papa Gott einen eigenen Willen gegeben, damit wir wieder zu ihm finden. Es ist ein harter Weg, aber es ist machbar.

Meine vielen Urlaube mit Petra

Wo waren wir überall? Meine Güte, das ist aber viel. Von Italien angefangen bis Irland. Doch ein Land war besonders stark und hatte viel Energie. Das war damals Ägypten. Dieses Land hatte eine spirituelle Ausstrahlung, die ich bis heute nicht verstehe und die sehr stark war. Ich rede nicht von der Kultur, sondern von der energetischen Kraft, die dieses Land hat.

Ich lernte damals Mahmoud kennen, einen Reiseleiter. Irgendwie hatte er ein Auge auf mich geworfen und mich das auch spüren lassen. Auf was ich mich da einließ, wusste ich nicht so genau. Doch ich ließ mein Herz in diesem Moment zu und nicht meinen Kopf. Nahm es mit Petra noch lustig und sagte, dass ich ein Konkubinchen werde. Was wirklich abging, merkte ich später im Urlaub, schon fast bei der Heimreise.

Wir hatten eine Nilkreuzfahrt mit anschließendem Badeaufenthalt gebucht. Zum ersten Mal Ägyptenluft zu schnuppern war faszinierend. Für die Tochter von Petra nicht. Denn wir bekamen statt einem Drei-Sterne-Schiff ein Vier-Sterne-Schiff zum selben Preis, weil das andere kaputt war. Doch die Tochter meckerte herum, weil es keine Tischtennisplatte gab wie auf dem anderen Schiff. Wir waren aber sehr zufrieden damit und fühlten uns sehr wohl. In der Kabine waren sogar weiße Schwäne aus einem Badetuch gewickelt, die sehr schön waren. Petra und ihre Tochter waren auch sehr überwältigt. Nur leider war das Kind schon in der Pubertät und ließ das natürlich jeden spüren. Was solls, ein Kind halt.

Am Abend gab es ein leckeres Essen. Am nächsten Tag war schon die erste Besichtigung für uns Touristen geplant. Wir kamen leider 10 Minuten zu spät und alle mussten auf uns warten. Mann war das peinlich und ärgerlich. Dann kam Mahmoud ins Spiel und sagte uns in Ruhe, dass wir uns morgen halt beeilen sollen. Ich war von seiner Ausstrahlung sehr überwältigt und irgendetwas hat uns verbunden. Was es genau war, wusste ich nicht, nur es war sehr stark.

Mahmoud und ich hatten immer Blickkontakt und musterten einander von oben bis unten. Wenn das einer gesehen hätte, dann hätte er gedacht, zwischen uns gäbe es eine Liebesromanze. Dem war aber nicht so.

Wir genossen die Zeit, die wir hatten, sehr und ließen einfach unser Herz baumeln.

Am Abend saßen wir mit den Reiseleitern zusammen und redeten über unsere Religion und Kultur. Da habe ich viel darüber erfahren und es sehr in meiner Seele verankert. Eines Tages auf der Nilkreuzfahrt war es aber sehr komisch für mich. Wir fuhren in ein Geschäft und da hörte ich Mahmoud reden. Leider verstand ich die Sprache nicht, nur das Wort „Sabine"! Ich sah, wie er auf sich deutete und die Blicke zu mir wanderten. Mich redete komischerweise keiner mehr an, alle ließen mich in Ruhe. Als wir warteten, sagte Mahmoud zu mir: „Komm her und setzt dich auf meinen Schoss." Was ich sehr gerne annahm, weil ich durch die Hitze erschöpft war. Wieder am Schiff angekommen, erzählte er mir von seiner Frau und seinen Kindern. Ich war sprachlos und wusste nicht, was da wirklich abging. Ich dachte, dass er mir einfach nur vertraut. Die Kultur verstand ich aber noch nicht so ganz. Seine Frau und Kinder waren sehr hübsch und lieb und hatten ein wunderbares Lächeln.

Dann aber passierte etwas sehr Komisches. Als ich schlafen ging, träumte ich von Mahmouds Frau, die mir sagte „euer Flugzeug wird abstürzen, seid vorsichtig". Ich erzählte es Andrea und wir nahmen es noch sehr lustig.

Ich öffnete nicht nur bei den Männern die Herzen, sondern auch bei Frauen. Wir machten einen Ausflug in ein Dorf, wo etwa zehn Frauen auf mich zu stürmten, mich umschwärmten und nicht gehen lassen wollten, und ich wusste nicht, warum. Das war schon irgendwie mit Angst verbunden. Denn ich konnte nicht vor und zurück. Laut rief ich aber nach Mahmoud, der mir die Hand gab und mich aus dieser Menge herausholte. Mann war ich froh.

Am letzten Tag auf dem Schiff ist etwas Komisches passiert. Mahmoud machte mir vor allen Touristen am Schiff einen Heiratsantrag. Ich war total überrascht und wusste nicht, wie mir geschah. Aus mir platzte sofort hinaus: „Das ist doch wohl nicht dein Ernst??" Aus Angst natürlich, weil ich keinen Schleier tragen wollte und den Film kenne: „Nicht ohne meine Tochter" mit Sally Field. Der mich sehr berührt hatte.

Leider beleidigte ich Mahmoud damit und er war am Abend nicht mehr da, um „Auf Wiedersehen" zu sagen. Mir tat es sehr weh, doch es war seine Entscheidung.

Wir genossen unseren Badeurlaub noch weiter und waren traurig, als dieser zu Ende war. Dann warteten wir am Flughafen auf unseren Flug. Die Zeit zu fliegen bzw. einzuchecken kam näher, nur passierte nichts.

Dann meldete sich der Pilot und sagte uns, dass das Flugzeug leider aus technischen Gründen nicht fliegen kann. Es wäre kaputt und bis eine neue Maschine aus Österreich einträfe, würde es eine Weile dauern.

Wir waren sprachlos. Sollte mein seltsamer Traum in Erfüllung gehen? Wir wurden in ein Hotel gebracht und bekamen etwas zu essen. Der Flug von Österreich nach Hurghada dauert circa 4 Std., doch nach 2 Std. hieß es bereits, dass wir fliegen könnten, also checkten alle ein. Als wir jedoch einstiegen, fragte die Tochter von Petra: „Ist die Maschine wieder gesund?" Worauf die Stewardess nur lächelte und uns weiterschickte. Was mir sehr komisch vorkam im Bauch.

Der Heimflug war nicht gerade leicht und alle hatten große Angst. Wir beteten bei jedem Luftloch, das wir durchflogen. Als wir landeten, waren wir sehr froh und nervlich am Ende. Am Ausgang standen zwei Personen, mit denen wir nicht gerechnet hatten. Es waren mein damaliger Ex-Freund Roland und meine Mama. Sie beide sagten nur: „Schön, dass es euch gut geht und ihr wieder daheim seid."

Meine Mama hatte damals die Information erhalten, dass das Flugzeug verschollen war. Roland bekam nur mit, dass unser Flug verspätet war. Mehr Infos hatte er nicht.

Vielen mag das nicht merkwürdig erscheinen. Aus heutiger Sicht würde ich anders darüber denken und eine Entscheidung treffen. Und zwar diese: „Wir sind alle gleich, es fließt Blut in unseren Adern und wir sind nicht herzlos. Vieles hat einen Sinn, den man erst im Nachhinein sieht."

Meine erste Operation

Irgendwie lief das Leben an mir vorbei und ich ließ es einfach zu. Ich hielt nicht bewusst am Leben fest, sondern lebte so dahin. Meine Rede war immer „Wenn ich sterbe, ist alles gut, nur weg vom Leben". Das Leben war mir sehr egal. Ich hatte keine Familie und wollte auch keine, also verbrachte ich die meiste Zeit alleine. Nur Petra wusste alles und Gott.

Eines Tages war mein Knie angeschwollen und ich wusste nicht warum. Trotzdem musste ich weiterarbeiten, da es bei mir zwar finanziell ganz gut ging, ich aber im Inneren immer mehr wollte. Schmerz fühlte ich keinen und wirklich nachgesehen habe ich nicht. Ich vereinbarte trotzdem einen Termin beim Orthopäden und dachte mir nichts dabei. Es kommt mir vor wie gestern, dass die Orthopädin vor mir stand, sich ihr Kinn streichelte und sagte: „Es könnte der Meniskus sein, doch leider bin ich mir nicht sicher!" In dem Moment dachte ich mir nur: „Wer ist hier der Arzt?" Sie verschrieb mir ein Medikament und ich ging. Anständig wie ich bin, nahm ich brav die Medikamente und ließ die Zeit verstreichen. Leider wurden die Schmerzen etwas unangenehmer und ich ging zu einem anderen Arzt. Dieser war super, er sagte zu mir, dass es wahrscheinlich der Meniskus ist und ich aber zur Sicherheit eine MRT machen sollte, damit er einen Beweis hat.

Ich machte mir also einen Termin im Institut aus und hatte dann die MRT-Untersuchung. Weinen brauche ich ja nicht, dachte ich, weil nur harte Menschen kommen durch. So schlimm wird es eh nicht sein, dachte ich. Der Tag meiner ersten MRT-Untersuchung im Leben war gekommen. Ich legte mich tapfer in die Röhre und dachte mir, es wird eh nichts sein. Doch so war es nicht, denn ich bekam eine Scheiß-angst, entschuldigt den Ausdruck. Ich wusste aber nicht, was auf mich zukommt. Ich ließ es einfach über mich ergehen und dachte nur „bitte MRT, hör auf zu hämmern". Als ich so in der Röhre lag, liefen mir Tränen die Wangen runter und ich wusste nicht warum. Für mich war es nicht logisch, dass man solche Gefühle haben kann. Eine innere Stimme sagte mir aber, dass mein Knie etwas hat und repariert werden müsse. Nur was genau, wusste ich zu diesem Zeitpunkt noch nicht. Als die Untersuchung endlich nach gefühlten 4 Stunden herum war (tatsächlich dauerte sie nur 30 Minuten), sagte mir die Arzthelferin, dass ich den Befund in etwa drei Tagen abholen kann. Mein Herz klopfte bei der Abholung und es mir standen Schweißperlen auf der Stirn. Leider wusste ich nicht, warum und öffnete den Umschlag. Da stand zu lesen in meinen Worten: „Der Meniskus ist kaputt!" Käse, dachte ich, jetzt falle ich in der Arbeit aus und ich wusste wieder einmal nicht, was auf mich zukommt.

Der Arzt empfahl mir ein gutes Spital, in dem er selbst auch Patienten behandelte. Wir vereinbarten einen Termin für die Operation. Mann, dachte ich, endlich darf ich sterben, mein Körper war mir sowieso egal. Wenn ich weg bin, dann mache ich niemandem mehr Sorgen.

Der Tag der Operation kam immer näher und ich wurde immer nervöser. Andrea stand mir zur Seite und versuchte auf mich einzureden. Mir positive Kraft zu geben, nur leider prallte das an mir ab. Als ich so im Spital lag, verdrängte ich meine Angst immer mehr und damit auch meine innere Stimme.

Die Operation war aus ärztlicher Sicht ein Spaziergang, es war alles okay, der Eingriff verlief gut. Die Schwestern hatten nach meiner Narkose auch etwas zu lachen, denn ich führte mich auf mit meinen 25 Jahren wie ein 7-jähriges Kind. Jeden wollte ich auf die Wange küssen und redete wie ein Wasserfall wirres Zeug. Als ich im Zimmer war, kam der Arzt zu mir, um die Operation zu besprechen. Meine Mama war auch dabei und sie war nüchterner als ich. Der Arzt sah gut aus, sagte aber leider zu mir: „Wir haben bei der Operation gesehen, das der Knorpel komplett weg ist und das Kniegelenk einen größeren Schaden hat. Einen Teil konnten wir wegnehmen, aber in 6 Wochen sehen wir uns wieder! Sie müssen nämlich noch einmal operiert werden."

Doch war ich in dem Moment so weit weg, dass es mir ziemlich egal war. Ich war so von der Schönheit des Arztes fasziniert, dass ich mich sogar ein klein wenig auf das Wiedersehen freute. Ich dachte nur: „Jetzt weiß ich ja, was auf mich zukommt!" Nur wusste ich zu diesem Moment nicht, dass Gott wollte, dass ich lernte, Vertrauen zu ihm und meinem Gefühl zu haben.

6 Wochen später

Es verlief alles normal, ich ging wieder arbeiten und hatte den üblichen Stress. Doch mein Körper und meine Seele wollten etwas anderes, deshalb bekam ich auch noch eine Grippe.

Ich wusste nicht, dass ich meinem Immunsystem und Gott ein Schnippchen schlagen würde mit dem, was ich tat. Denn ich machte alles gegen mein Gefühl, was ich nur konnte. Ich arbeitete weiter als Heimhilfe und in der Videothek. Von gesunder Ernährung will ich gar nicht reden. Das blieb auf der Strecke, denn mich kann ja nix zerstören. Ich bin ja unbesiegbar und es wird nix schief gehen. Mein Gefühl sagte mir damals, dass mein Körper am Ende war. Zugleich dachte ich, es wäre nicht so schlimm, ich schaffe das. Eine Woche vor der Operation zeigten es mir Gott und mein Körper. Ich wurde mit einer Grippe belohnt, bekam eine Fieberblase und wurde schwach. Doch freinehmen von der Arbeit ging ja nicht, denn ohne mich würde es ja nicht gehen.

Diesmal siegten aber meine Angst und mein Gefühl. Ich fragte meine Chefin, ob sie meine Klienten übernehmen könnte, damit ich mich am Nachmittag auf mich konzentrieren könne. Sie tat es aber leider nicht, weil sie nicht konnte. Am nächsten Tag meldete ich mich krank, weil mein Gefühl stärker war. Es dauerte keine 10 Minuten, da läutete das Telefon und ich wurde von meiner Chefin beschimpft. Weil ich mich krank meldete und ich solle sofort in die Firma kommen und Rechenschaft ablegen. Ich fuhr also hin und ging zum Betriebsrat. Die höhere Chefin kam und sah mich. Ihr war sofort klar, dass ich nicht spielte, sondern wirklich krank war. Meine Teamleitung kam siegessicher dazu, doch damit lag sie falsch. Denn ich hatte nicht gelogen – ich war wirklich krank und müde. Es war nur noch 1 Woche bis zur Operation und ich hatte eine Scheißangst. Nur bemerkte ich sie nicht. Doch Gott und meine Seele spürten sie. Gott war da und tröstete mich. Auch wenn ich nicht daran glaubte.

In Wirklichkeit wusste ich nicht, was auf mich zukam. Auch wenn es Routine ist für die Ärzte, es braucht nur etwas passieren und mein Herz würde aufhören zu schlagen und ich wäre nicht mehr.

Was mir aber zu diesem Zeitpunkt nicht bewusst war. Denn ich würde ja noch ewig leben. Der liebe Gott aber hatte andere Pläne mit mir.

Nach der Operation

Die Operation dauerte 5 Stunden und Petra empfing mich mit großer Freude empfangen, als sie mich in den Aufwachraum schoben. Irgendwie konnte ich mich auf sie immer verlassen, sie war immer da. Egal was passierte, sie stand zu mir. Es wurde mir Sauerstoff auf Nase und Mund gegeben, doch für mich war es wie immer lustig, denn ich steckte den Finger in die Öffnung und wartete darauf, dass ich einen Luftzug spüre oder ein grünes Männlein herauskommt. Keine Ahnung, was ich in diesem Moment war, aber ich stand ja wieder unter Medikamenten und nach der Narkose ist man einfach wie bekifft.

Ich kam irgendwann wieder auf die normale Station und wurde ins Zimmer gebracht. Mein linkes Knie war zum Glück nicht meines, dachte ich, weil ich es nicht spürte und es ehrlich gesagt auch egal war. Es hing ein Schlauch hinaus und daran eine Flasche voller Blut. Die Narbe ist ca. 10 cm lang und das ist schon viel, ein tiefer Einschnitt im Leben. Das Knie sah aus als ob sich ein Elefant mit seinem ganzen Gewicht daraufgesetzt hätte, so bunt. Petra wich nicht von meiner Seite. Innerlich hatte ich aber einen Zorn auf mich. Ich wusste nicht, warum das mir passiert war und was ich falsch gemacht hatte. Warum lag ich im Spital, wurde operiert und mein Knie schmerzte? All diese Fragen gingen mir durch den Kopf und ich konnte es nicht ändern. Neben mir Frauen, die älter waren als ich. Zum Teil auch schlimmer beisammen als ich. Doch ich verfiel in Selbstmitleid und merkte gar nicht, was da mit mir passierte. Ich kämpfte mich sogar in die Kirche, um mit Gott zu reden. Aber wo war er? War er wirklich an meiner Seite? Hörte er mich und würde er mir helfen? Zweifel wuchsen in mir. Das war richtig herrlich für ihn. Wie sollte ich es alleine schaffen?? Ich versuchte immer nur im Mittelpunkt zu stehen und wenn ich es nicht so war, wurde ich zornig und sauer.

Als ich heimkam, wartete schon das nächste Problem auf mich. So sah ich es und fing an, meine Situation zu beurteilen. Ich verstand nicht, dass ich selbst über mein Leben entscheiden konnte und alles selbst in der Hand hatte. Mir war nur wichtig, gesehen zu werden. Wenn man lieb und brav ist, dann muss man ja geliebt werden, dachte ich immer. Den Hass und Zorn in mir ließ ich vielleicht an den falschen Leuten aus. Ich war nicht mit mir selbst zufrieden und wusste nicht, dass ich es selbst in der Hand gehabt hätte, etwas zu ändern. Das war erst der erste Lernschritt und ich durfte weiterlernen. In den vielen wunderbaren Menschen an meiner Seite war Gott immer zugegen, aber ich wusste es nicht. Sondern im Gegenteil, ich versperrte mein Herz immer mehr vor Gott. So wurde ich immer einsamer und natürlich mein Körper auch, was mir aber leider nicht bewusst war. Denn mein Hirn sagte mir immer wieder: „Sabine, du bist unsterblich und dir kann nix passieren." Doch meine Schmerzen und meine Situation wurden nicht besser. Langsam begab ich mich in eine Abwärtsspirale und wusste es nicht. Dass ich dadurch auch Raubmord an meinem Körper beging und auf viele körperliche Anzeichen nicht achtete. Ich sagte immer: „Wenn es Gott gibt und ich bei ihm bin, werde ich nach einem Handbuch für uns bitten, das er uns bei der Geburt mitgeben soll. Weil dann vieles leichter geht." Was solls, dass ich wieder etwas lernen durfte, war mir nicht bewusst, also begann ich mich auf die weitere Reise, die sich Leben nennt. Aber auf meine Weise, nicht auf die Weise, die Gott für mich vorgesehen hatte. Ich fühlte mich ja selbst wie Gott, also unsterblich. Nur musste ich lernen, nicht frech zu sein zu Gott, denn zu ihm darf man es nicht sein. Das hat wenig Sinn. Er ist nämlich unser Papa Gott. Ein Vater und eine Mutter weisen ihr Kind immer zurecht.

Danke lieber Gott, dass du an meiner Seite bist und mich so erziehst, auch wenn es manchmal sehr weh tut.

Wieder zu Hause nach ersten schweren OP

Tja, Papa Gott lässt ja nix unversucht, um dich auf den richtigen Weg zu bringen. Komischerweise hatte ich Kontakt zu jemandem, den ich lange nicht mehr gesehen hatte. Es war ein alter Freund von Petra und mir. Jetzt haltet euch fest, wenn ich das schreibe: Er glaubte an GOTT!!! Wirklich!!! Was will er von mir?? Das dachte ich, denn beim Tischrücken damals war ich ja in direktem Kontakt mit Gott, dachte ich. Ob es so war oder nicht, weiß ich leider nicht, zumindest glaubte ich es. Aber egal, es war schön, diesen Freund wiederzusehen und ihn an meiner Seite zu haben. Denn mit seinem Humor und seiner Art holte er mich aus meinen schweren Depressionen heraus und brachte mich immer zum Lachen. Er hielt mich freundschaftlich immer fest und ließ mich nie los, das war sehr schön. Ich wurde gefühlsmäßig und körperlich nie ausgenutzt von ihm. Denn seine Regel war nach Gott zu leben und dieser sprach ja damals durch Moses und die zehn Gebote. Ich denke mir, wenn man sich an diese hält, dann ist man auf dem besten Weg, ein schönes Leben führen zu dürfen. Denn wir leben eigentlich im Garten Eden, nur ist uns nicht bewusst, dass das Leben schön sein kann. Mir war es zu diesem Zeitpunkt auch nicht bewusst. Irgendwie war es schön, nur leider dachte ich anders. Dass Gott immer an meiner Seite war, habe ich nicht verstanden. Denn man glaubt ja nur, was man sieht und spürt. Dass aber auch der Körper eine große Rolle im Leben spielt, das war mir nicht bewusst, also legte ich den ersten Baustein zur Selbstzerstörung und wusste es nicht. Denn Körper und Seele gehören nicht zusammen, sondern sind zwei Paar Schuhe, dachte ich. Doch schmeckt auch die Suppe sauer, leider gehört beides zusammen. Denn Papa Gott oder die Energie, die wir aussenden, bekommen wir 10.000-fach zurück. Bei mir war es die Angst, die mich führte von klein auf. Durch sie durfte ich sehr viel lernen. Nur war es mir nicht bewusst und ich schürte in jeder Hinsicht die Angst, die ich schon hatte. Was das Essen betrifft, das Leben usw. Ich schlief mit jedem Mann, der mir über den Weg lief. Das ist doch nicht richtig laut den Geboten Gottes. Ich habe Fleisch gegessen. Es steht doch in einem Gebot, dass man nicht morden soll. Was passiert aber?? Ich verurteile nicht, doch ich sehe es jetzt mit anderen Augen. Mit offenen Augen, auch wenn es schwerfällt. Dass es noch dicker kommen sollte in meinen Leben, das war mir nicht bewusst. Dass das Geheimrezept schon längst in unseren Händen liegt, war mir auch nicht bewusst. Sondern das reine Selbstmitleid hatte mich gepackt und das wollte ich schon gar nicht. Dadurch tat ich meinem Körper vieles an, was sicher falsch war und auch seelisch nicht richtig. Ich habe mich von sehr viel Fertigessen ernährt, was ja nicht gerade gesund ist. Ich lebte aber so weiter wie bisher und achtete nicht darauf, was aber sehr schmerzhaft enden sollte.

Ach ja, diese Väter oder Mütter.

Das Leben geht weiter

Ich ging nach ca. 8 Wochen wieder arbeiten. Ich versuchte eine brave Heimhilfe zu sein. Versuchte, mein Bestes zu geben. Da muss man wirklich alles geben in diesem Beruf und gut abschalten können. Man braucht ein stabiles Zuhause, damit man es schafft. Die Leute da draußen sehen nämlich nur: Endlich kommt jemand zu mir, der hilft. In meiner ganzen Karriere hatte ich vier Todesfälle, was mich auch sehr bedrückte. Weil ich es mir sehr zu Herzen nahm. Ich war vielleicht nicht perfekt, aber ich versuchte es meinen Leuten recht zu machen mit dem Satz: „Kein Problem!"

Die erste Dame, die ich durch Zufall fand, war irgendwie komisch. Das war so: Ich ging hin und wollte sie betreuen. Sie machte aber die Türe nicht auf und ich rief in der Firma an und frage, was ich machen soll. Die Kollegen sagten, dass ich später wiederkommen soll. Weil die Dame sehr mobil wäre und unterwegs sein könnte. Also ging ich wieder, nur mein Gefühl sagte mir immer wieder, dass da etwas nicht stimmt. Später, als ich wieder vorbeikam, war es dasselbe. Nur komischerweise war das Fenster am nächsten Tag, als ich vorbeischaute, geöffnet. Ich rief also noch einmal in der Arbeit an und bekam das Okay, die Polizei anzurufen, falls der Zettel, den ich am Vortag hinterlassen hatte, noch an der Türe hängt. Der Zettel war noch da, also rief ich die Polizei an. Diese kam sofort und verständigte die Feuerwehr und diese stieg über das Fenster in die Wohnung. Was sie dort fand, bestätigte nur mein Gefühl, das ich aber versucht hatte zu verdrängen. Die Dame lag tot in der Wohnung. Ich wusste nicht, ob ich sie retten hätte können, wenn ich stur gewesen wäre. Das Einzige, was ich in diesen Moment wusste, war, dass es mir sehr naheging. Denn ich stand unter Schock. Eine Kollegin war zwar bei mir, doch sie musste dann weiterarbeiten. Meine Seele hatte einen tiefen Schmerz erlitten. So viele Fragen, die ich nicht loswerden konnte. Meine Tiere gaben mir auch keine Antworten auf meine Fragen. Ich blieb mit den Fragen in meinem Bauch alleine. In meiner Laufbahn als Heimhilfe sah ich weitere tote Menschen, was mir leicht fiel, denn ich wusste ja jetzt, wie Tote aussehen. Sie sehen friedlich aus und strahlen eine gewisse Ruhe aus, wenn sie tot sind. Wenn sie unter Schock sterben, dann zeigt das auch ihr Körper, sie sind verkrampft und mit Schrecken im Gesicht. Auch wenn sie alt sind, haben sie das. Denn im Inneren sind sie oft noch Kinder und noch nicht bereit dazu. Oft habe ich das gesehen und mir wäre lieber, es wäre anders gewesen. Ich kam auch zu einer Dame, die schon älter war. Was ich mich so erinnern kann, war ich schon ein paarmal bei ihr. Sie wohnte im ersten Stock, das wusste ich. Als ich die Türe öffnete, war es düster wie in einem Gruselfilm. Es war eine Dreizimmerwohnung und die Dame hätte im letzten Zimmer sein können. Ich sah, dass der Herd an war und ein Topf draufstand und die Türe zum Nebenraum einen Spalt geöffnet war. Ich die Türe und sie lag tot am Boden. Sofort verließ ich die Wohnung und rief alle an. Die Rettung war zuerst vor Ort und stellte nur noch den Tod fest. Mann war das Scheiße, denn innerhalb von einem halben Jahr war das die zweite Tote. Das war nicht angenehm.

Ein guter Freund war dann für mich da. Was mein damaliger Freund war. Den ich auch in der Videothek kennengelernt hatte.

Nebenbei arbeitete ich noch in der Videothek damals und kam fast gar nicht zum Schlafen. Irgendwie war es mein seelischer Ausgleich. Keine Toten und ich musste nicht denken. Ich konnte abschalten und irgendwie ich sein. Eine 23-Jährige, die leben wollte und nicht drüber nachdachte, perfekt zu sein. Deshalb holte aus meinem Körper wieder heraus, was ich konnte und überdrehte ihn. Stopfte vieles in mich hinein, nur um Energie zu haben. Egal ob es Red Bull war oder Süßes, auch Cola stand bei mir sehr hoch im Kurs. Nur leider kein Obst, denn Obst ist ja giftig, habe ich immer gedacht, und muss man ja nicht essen. Also gab ich meinem Körper nicht das, was er brauchte. Sondern leider vieles, was er nicht brauchte. So wie ich dachte, war ich zu meinem Körper. Nämlich ein großer Scherbenhaufen, der nicht die Ahnung hatte, wie das Leben funktioniert. Ich hatte immer nur groß dahergeredet und dachte, dass ich niemanden bräuchte. Was mir aber noch sehr auf den Kopf fiel, wann alles anfing, weiß ich nicht mehr. Langsam aber fing mein Körper an, sich zu wehren. Ich bekam ab und zu auf der rechten Seite einen Tinnitus, aber mein Körper glich das immer wieder aus. Nur dachte ich damals, das wäre nervlich. Nur war es das wirklich?

Mein erster Ehemann

Irgendwie war ich einsam im Herzen und in meinem Leben. Ich habe zwar viel gesehen, doch war es das, was ich wollte. Nein, leider nicht, denn meine Seele wollte eine Familie und ein schönes Zuhause haben. Immer wieder schob ich das Gefühl aber weg. Den Wunsch, geliebt zu werden, so wie ich war und auch aussah. Denn mein Aussehen war nicht mehr so gut, wie ich glaubte. Ich bin zwar hübsch, aber kein Fotomodell. Sondern Sabine, die geliebt werden wollte, aber keine Liebe bekam.

Ich antwortete damals auf eine Anzeige im Teletext. Stellte dort auch eine Anzeige rein und bekam eine Antwort. Und zwar von meinem späteren Ehemann. Er klang sehr nett und irgendwie haben wir uns damals übers Handy geschrieben, was noch nicht so modern war wie heute. Damals schickten wir uns SMS-Nachrichten. Nach einer gewissen Zeit redeten wir sogar zum ersten Mal miteinander. Doch haltet euch fest, den ersten Anruf machte ich. Damals lag der Papst im Sterben und ich wollte das nur loswerden. Ist das nicht verrückt?? Aus heutiger Sicht schon, denn wer ruft an, um zu sagen: „Der Papst liegt im Sterben."???

Wir verstanden uns ganz gut und redeten über einiges. Als wir aufgelegt hatten, schwebte ich auf Wolke 7. Was für eine schöne, angenehme Stimme. Er war zwar aus Tirol, aber irgendwie genauso verrückt wie ich. Das gefiel mir an ihm und er dachte zum Teil genauso wie ich. Wie waren in Kontakt und das war ok. Doch mein Gefühl sagte mir schon wieder: „Liebe Sabine, das ist nicht dein Weg." Ich hörte gar nicht darauf und machte das, was ich wollte.

Eines Tages bekam ich es sogar am Teller präsentiert. Wir haben uns noch nicht gesehen, aber gestritten, weil ich auf Lügen allergisch reagiere. Er hatte Alkohol getrunken und das passte mir gar nicht. Ich will nicht sagen, dass man keinen trinken sollte, nur mit Mass und Ziel. Er schoss leider über das Ziel hinaus und das machte mir Angst. Ich konnte die Angst gut verstecken, denn ich hatte sowieso keine Kraft. Doch meine Sturheit fing an zu wachsen. Sie bekam die Chance, immer größer und verbissener zu werden. Dadurch setzte sie sich innerlich immer mehr fest. Was mein Immunsystem natürlich schwächte und ihm leider nicht geholfen hat. Mein System wurde, wie man so schön sagt, langsam runtergefahren. Was ich damals aber nicht wusste oder registrierte. Ich war schon in einem System drin, welches man als negativ bezeichnen würde. Wollte das aber nicht wahrhaben. Damit forderte ich eine gewisse Situation heraus. Die Anspannung im Körper und in den Organen blieb. Irgendwie versuchte er, mich zu beruhigen. Schnell bin ich zwar wie ein Häferl, das überkocht, doch bald auch wieder herunten. Was ich als heutiger Sicht Vergebung nennen würde. Denn ich dachte mir immer, ich brauche keine Angst zu haben. Denn wenn mich wer schlägt oder mir wehtut, dann gehe ich. Das hatte ich im Hinterkopf und meine Wünsche waren:

1.) Mein Partner soll nicht rauchen
2.) Er darf mich nicht schlagen
3.) Er darf nicht trinken

Dass Gott mir diese Wünsche eigentlich erfüllen wollte, ich aber nur bewusst hinschauen sollte und musste, das wusste ich nicht. In mir war genauso viel Fluchtverhalten wie in jedem Menschen. Ich wollte nur geborgen sein und geliebt werden.
    Trotzdem blieb ich bei ihm.

Die Übersiedlung von Wien nach Tirol

Tja, wie war es damals für mich, das Zuhause zu verlassen, auch wenn es meine eigene Wohnung war? Ich sage mal so: In meinen Bauch war sehr viel Traurigkeit. In mir war aber der Wunsch nach einer Familie so stark, dass ich in dem Moment glaubte, richtig zu handeln. Nur dass es ein böses Ende nehmen würde, das wusste ich nicht.

Wir bereiteten alles vor, damit ich nach Tirol gehen bzw. übersiedeln konnte. Ich kündigte meinen Job, gab die Wohnung aufn und ging ohne nachzudenken nach Tirol. Der Wunsch meiner Seele war so groß, dass ich das Gefühl leider vergaß und nicht darauf hörte. Als ich zum ersten Mal die Berge sah, war das für mich wie ein Traum. Alle Sorgen und der Kummer in mir waren komplett vergessen. Natürlich ließ ich mein Hirn viel mehr sprechen als mein Inneres. Weil ich so überwältigt war von dem ganzen Umfeld.

Ich versuchte, in Tirol Fuß zu fassen. Was natürlich nicht sehr einfach war. Was den Job betraf und auch Familie. So begann ich mein Leben auf meinen damaligen Ehemann zu hängen. Was natürlich nicht sehr gut war. Denn es littunbewusst die ganze Beziehung darunter. Nur sah ich überhaupt nicht und wollte es damals nicht sehen. Der Drang, immer das Beste zu geben, war zu groß. Nur mein Umfeld zeigte es mir, aber ich konnte es nicht einordnen. Der Blick dafür fehlte mir einfach. Mein Ehemann stand aber in jeder Hinsicht zu mir und versuchte, mich hochzuhalten. Auch als mein Stiefvater mit Nierenkrebs im Sterben lag. Sowie kurz darauf mein Vater mit Lungenkrebs. Es war eine schwere Situation für mich, nur ich wollte das System aufrechterhalten und ging dabei unbewusst in die falsche Richtung.

Eigentlich hatte ich eine schöne Ehe, nur leider sah ich es nicht. Ich habe nur geurteilt in richtig und falsch, gut oder böse.

Ich denke aber, dass ich das als Mensch nicht kann. Was ist schon richtig und falsch, gut oder böse? Wir machen uns alles im Himmel selbst aus, was wir erleben wollen. Unsere Seele befolgt nur das, was wir uns ausmachen, nicht mehr oder weniger.

Der erste Selbstmordversuch

Wie denke ich heute über Selbstmord?
Jeder trifft diese Entscheidung, weil er glaubt, innerlich leer zu sein. Nur ist man das wirklich?

Ich hatte alles, was man sich wünschen kann. Einen Ehemann und Kinder, die er mitbrachte in die Ehe. Schwiegereltern, die zwar sicher nicht sehr einfach waren, aber ein gutes Herz hatten. Sie versuchten in jeder Hinsicht an mich heranzukommen auf ihre Weise. Nur leider ließ ich keinen an mich heran aus purer Angst. Obwohl mir niemand etwas getan hatte. Nur Angriff war für mich die beste Verteidigung, weil mich so niemand mehr verletzen konnte.

Ich war damals in einer Fabrik tätig und hatte auch ziemlichen Ehestreit. Was mir natürlich auch zugesetzte, weil ich versuchte, etwas zu beweisen, was ich aber nicht konnte. Ich schrie nur herum und der Spaß am Leben war mir so gut wie vergangen. Ich fühlte mich leer und ausgebrannt. Meine Seele war so leise, dass ich auf all das nicht hörte, was sie mir sagen wollte. Die Hilfe, die ich gehabt hätte, nicht sehen wollte. Meine Opferrolle war leider schon so groß, dass ich nicht mehr aussteigen konnte.

Irgendwie fing ich wieder an, die Flucht zu ergreifen und sah es nicht einmal. Ich dachte nur: „Ich bin so ein armes Schwein, keiner kann mich verstehen!"

Eines Abends arbeitete ich so vor mich hin und dachte nur: „Wenn es Gott wirklich gibt, dann rettet er mich in letzter Sekunde und möchte, dass ich am Leben bleibe."

Ich hatte mir vorgenommen, dass ich Schlafmittel nehmen und friedlich einschlafen werde. So beendete ich meinen Dienst ordnungsgemäß und fuhr mit dem Bus heim. Mein Ehemann war bei Leuten, die sichtlich mehr Spaß hatten als ich. Ich setzte meine ganze Traurigkeit und Wut ein, um ihm das zu zerstören und war so eine richtige Furie. Ich dachte nur: „Du wirst mich vermissen, wenn es mich nicht mehr gibt und alles zu spät ist."

Wir stritten und ich ging sehr betrübt nach Hause. Nicht einmal der Sinn meines Lebens hatte in diesen Moment die Kraft, mich davon abzuhalten. Meine Katzen waren mein Lebensmittelpunkt, aber das war nicht genug.

So nahm ich die Packung Schlafmittel und schluckte es nach und nach. Ich versuchte noch die Worte:" „Schlaft gut" zu schreiben. Ob ich es schaffte, weiß ich nicht.

Meine Seele und Gott hatten etwas anderes für mich vorgesehen. Denn der Selbstmordversuch klappte nicht, sollte mich aber wachrütteln. Nur tat er das auch wirklich?

Mein Ehemann fand mich

Mein Ehemann fand mich im Bett liegend und die Schlafmittelpackung am Tisch. Er handelte richtig in dem Moment, stellte mich unter die kalte Dusche und versuchte mich wachzuhalten. Ich denke, er hatte große Angst in dieser Situation und versuchte einfach sein Bestes. Ich sperrte mich sogar noch im Badezimmer ein und er musste die Türe eintreten, damit er mich retten konnte. Sicher handelte er in der Situation nach seinem besten Gewissen, nur ich denke mir, dass es nicht alltäglich ist, dass sich jemand umbringen will. Hoffentlich, denn es gibt immer einen Ausweg aus jeder Situation. Man muss es nur wollen und wahrhaben.

Leider sagte er nicht gerade beruhigende Worte zur mir, weil er in der Angst gefangen war und er machte mir mit diesen Worten leider noch mehr Angst. Er schnappte mich und die Dokumente und brachte mich nach Wien zu meiner Mutter. Im Gepäck waren noch meine vier Katzen und meine zwei Vögel. Was es mir in diesem Moment leider nicht leichter machte, ich wollte nur Mitleid.

Nach einer langen Autofahrt mitten in der Nachtblieb er damals am Westbahnhof stehen und sagte: „Es tut mir leid! Bitte fahr alleine weiter!" Ich stieg irgendwie ins Auto und fuhr noch etwa 30 Minuten zu meiner Mutter. Mein Schutzengel passte in dem Moment ganz toll auf mich auf. Wie ich es schaffte, weiß ich heute leider nicht mehr. Ich schaffte es irgendwie. Leider erwarteten mich aber das nächste Thema und die nächste Angst. Verdoppelt durch Alkohol, Verzweiflung und gemischt mit Angst.

Mich erwartete meine Mutter, die leider getrunken hatte und mich da wieder am verkehrten Nerv traf. Nur Gott war an meiner Seite und hielt fest an mir. In mir stieg aber wieder die Angst hoch, die ich als Kind schon hatte. Wieder abhängig zu sein von der Mutter, die mit mir als Kind machte, was sie wollte. Für die ich stark sein und den richtigen Weg finden sollte. Leider war es nicht gerade eine einfache Scheidung, die mich auch Kraft kostete.

Kann man Gott wirklich unter Druck setzen?

Ehrlich gesagt: Ich weiß es nicht! Ich habe es auf jeden Fall versucht und möchte ihn herzlich um Verzeihung bitten heute. Sich mit Gott anzulegen, würde ich keinem empfehlen. Denn er kann ganz schön zornig werden und was das Leben betrifft, sollte man auch nicht versuchen, es sich zu nehmen. Gott präsentiert die Rechnung im Leben. Es kann auch der Körper sein, der die Rechnung präsentiert. Ich weiß es nicht genau und möchte noch an schönes und langes Leben haben. Eines weiß ich aber sicher: Körper, Geist und Seele kann man nicht unter Druck setzen. Man sollte seiner inneren Stimme folgen.

Lest weiter, es wird noch spannender. Auf viele Fragen oder Gedanken, die ihr jetzt habt, bekommt ihr in den nächsten Kapiteln eine Antwort.

Ich habe wieder Fuß gefasst in meinem Leben

So gut es ging, fasste ich wieder Fuß in meinem Leben. Ich suchte mir eine Arbeit, um wieder in ein geregeltes Leben zu kommen. Denn mein Großvater sagte immer zu mir: „Du kannst trinken jeden Alkohol, nur arbeiten gehen musst du, um ein Dach über dem Kopf zu haben. Egal, ob mit Strom oder ohne Strom, dass es trocken ist, das ist wichtig!" Daran hielt ich mich sehr fest, denn für mich war mein Großvater ein Held. Meine Mutter ging mir zwar mächtig auf die Nerven, jedoch liebe ich sie von Herzen, wie ein Kind nur seine Mutter lieben kann. Es gibt ja nichts Festeres als die Mutter-Kind-Bindung. Ein Kind ist 9 Monate im Bauch einer Mutter geschützt. Es ernährt sich, es hat einen Panzer um den Körper. Man kann auch sagen dazu: All inclusive!

Meine Mutter versuchte, mir ihre Probleme überzustülpen, obwohl ich selbst welche hatte. Ich versuchte, sie wachzurütteln, indem ich mich an meinen Händen ritzte, nur sie sah leider meine Einsamkeit nicht. Nur ein Mensch sah es und das war ein Sanitäter, der mich in eine Klinik brachte.

Ich hatte einen schweren Arbeitstag als Heimhilfe. Kam heim und meine Mutter hatte wieder getrunken. Ich wollte irgendwie nur meine Ruhe haben und dachte „nicht schon wieder". Also nahm ich einen Wimpernrasierer und fing an, mich zu ritzen. Ich setzte die Rasierklinge an und wollte mich nur spüren. Meine Mutter war total überfordert mit dieser Situation und rief die Rettung an. Das war damals mein Glück, ich wusste zwar nicht, was mich erwartete, aber ich wollte nur Frieden haben.

Die Rettung kam und ich sagte ihnen ruhig, was vorgefallen ist. Sie verbanden meine Wunden, und meine Mutter kam vom anderen Zimmer und sagte: „Meine Tochter dreht durch!" Nur roch ihr Atem stark nach Alkohol. Mit der Antwort vom Sanitäter rechnete sie nicht. Der sagte: „Kein Wunder, dass ihre Tochter so reagiert, kümmern sie sich bitte mal um sich selbst!"

Ich fuhr ohne Widerstand mit der Rettung mit. Ich hatte zwar Angst, meine Arbeit wieder zu verlieren, weil ich erst kurz dabei war und eine ziemliche Verantwortung hatte. Mein Job ist nicht einfach und es wird viel Kraft abverlangt.

Als wir im Spital ankamen, warteten schon der Arzt und eine Schwester auf mich. Sie gaben mir etwas zur Beruhigung und redeten mit mir. Ich erzählte ihnen, dass ich als Kind nicht gerade nett von meiner Familie behandelt worden war. Ich wurde entweder angeschrien oder auch später noch wie ein kleines Kind behandelt. Ich kann mich erinnern, dass ich dem Arzt versprach, mich am nächsten Tag zu melden, wenn er mich nicht stationär aufnahm, um ihnen zu zeigen, dass ich noch am Leben war.

Das tat ich auch am nächsten Tag. Ich fuhr ins Spital, um ihnen zu zeigen, dass ich noch am Leben war.

Ein lieber Freund war jedoch an meiner Seite. Der war es, der in dem Moment das einzig Richtige sagte: „Wenn du hierbleibst, dann bist du bald tot!" Also gab er mir das Geld für eine Wohnung, um von meiner Mutter zu gehen.

Meine zweite Wohnung

Der Freund und ich fingen ein Verhältnis an. Nichts Fixes, aber ich dachte, es wäre jemand, der mich von Herzen liebhatte. Dass ich aber irgendwie meinen Körper verkaufte, das war mir nicht bewusst. Dass Gott für mich aber einen anderen Weg vorgesehen hatte, spürte ich, aber wusste nicht, welchen.

Der Freund fing an, sich freizustrampeln, weil ich ihn anfing, ihn einzuengen. Eines Tages war er fast täglich weg, obwohl wir ausgemacht hatten, dass er mir hilft. Zum Glück hatte der Vermieter eine kleinere Wohnung für mich. Ich zog also in eine Wohnung, die ich mir dann alleine hätte leisten können. Möbel blieben auch welche drin, die mir zwar nicht so zusagten, aber meine Geldbörse sah zu diesem Zeitpunkt sehr mager aus. Zu dem Zeitpunkt lernte ich meinen jetzigen Mann kennen. Wir hatten zwar nur über Computer Kontakt, aber ganz alleine fühlte ich mich nicht. Meine Stimmung war aber sehr angespannt, weil ich nach und nach wieder mehr als Heimhilfe arbeitete.

Ich suchte mir einen zweiten Job, damit mir etwas zum Leben übrig blieb. Ich wusste noch nicht, wie viel ich verdienen würde, und der Vertrag war auch noch nicht ganz fix.

Ich arbeitete so, wie ich es kannte und das Tage lang mit der Hoffnung, dass es mir besser gehen würde.

In der Wohnung fühlte ich mich wohl, aber war nicht sehr lange. Als ich gerade angefangen hatte, sie mir gemütlich nach meinem Geschmack einzurichten, hatte ich Urlaub und verbrachte diesen bei meinem jetzigen Mann.

Die Katzen im Gepäck zog ich bei ihm ein mit dem Gedanken „schlimmer kann es nicht mehr werden". Und ich auch:„Wenn er die Katzen mag, dann mag er mich auch."

So war es auch und ich zog gleich ganz bei ihm ein. Ich war noch nicht sehr lange in der Wohnung, aber es fühlte sich richtig an für mich. Nur wusste ich nicht, was noch auf mich zukommen würde.

Der Kinderwunsch und die Ausbildung

Natürlich ist es oft so, dass sich ab einem gewissen Alter ein Kinderwunsch bemerkbar macht. Dieser wurde bei mir ziemlich geschürt und ich redete mit meinem Mann darüber. Wie es aussehen würde, ob er auch einmal Kinder haben möchte und was er davon hielte. Es war auch bei ihm so, dass er sich Kinder wünschte, aber noch nicht die richtige Frau getroffen hatte, um welche in die Welt zu setzen. Dass er nicht zeugungsfähig war, wussten wir zu diesem Zeitpunkt noch nicht.

Nach einigem Hin und Her beschlossen wir, uns untersuchen zu lassen, und wir erfuhren, dass es leider bei ihm ein Glücksfall wäre, wenn er Kinder zeugen könne. Für eine künstliche Befruchtung wollte ich als Heimhilfe aufhören, weil das eine ziemliche Belastung werden würde für meinen Körper. Nebenbei würde ich eine Ausbildung zur ontologischen Kinesiologin machen und das alles wäre mir sonst zu viel.

Ich kündigte meinen Job und hatte nur noch die Ausbildung. Jedoch wusste ich nicht, ob ich je schwanger werden würde. Nur hörte ich eine feste Stimme, die sagte: „Hab keine Angst, ich komme auf die Erde!" Zuerst dachte ich, dass ich verrückt wäre und mir das einbildete. Nur ich hörte es so deutlich, dass es in mir war. Ich machte fleißig meine Ausbildung und spritzte mich jeden Tag und nahm meine Medikamente. Ich spürte genau, was ich da meinen Körper antat und hatte auch Angst, dass es nicht klappen würde. Zum Glück hatte ich eine liebe Schwester und ein liebes Institut, die mir mit Rat und Tat zur Seite standen. Dann war es endlich so weit, die Eisprungspritze zu setzen zur Eierentnahme und Befruchtung. War ich nervös, ob mein Körper genug Eier produzieren würde. Wie viele Eier ich haben würde und ob es gelingen würde.

Der Arzt sagte nämlich, er könne vieles machen, nur bestimmen, dass jemand schwanger werden würde, da müsse der liebe

Gott auch mitreden. Er würde es nämlich entscheiden, womit er sehr recht hatte, der Arzt.

Am nächsten Tag fuhren wir zur geplanten Zeit ins Spital und mir wurden unter Narkose die Eier entnommen. Ich wurde nach geraumer Zeit ins Zimmer gebracht und wurde langsam wach von der Narkose. Ich bekam ein gutes Frühstück und aß es mit Genuss. Die Schwester kam herein, um zu sehen, ob es mir gut geht, und natürlich fragte ich, wie viele Eier ich hätte. Im Nebenzimmer hörte ich nämlich, dass eine Frau sagte, sie hätte 20 Eier, die sie befruchten könnten.

Nur leider sagte die Schwester, dass es bei mir nur 3 Stück wären, aber dafür wunderschöne. In dem Moment verlor ich die Hoffnung, schwanger zu werden. Mein Mann schluckte zwar auch, gab aber die Hoffnung nie auf. Da brach alles aus mir heraus und ich fing an, bitterlich zu weinen. Weinte die ganze Angst und Hoffnung heraus und fühlte mich wieder alleine gelassen.

Nach fünf Tagen bekam ich jedoch den Anruf, dass alle drei Eier sich teilten sie wie vorgesehen am siebten Tag bei mir eingesetzt werden würden.

So fuhren wir am siebten Tag hin zur Einsetzung der Eier und es war eine ganz liebe Ärztin dort. Als sie mir zwei der Eier eingesetzt hatte, sagte ich beim Anziehen meiner Kleider: „Ihr zwei Eier müsst bleiben, denn ich habe nur mehr eines!" Ich fragte die Ärztin, ob sie auf das dritte Ei aufpassen würde, bekam jedoch die Antwort: „Das dritte ist leider heute früh nicht weitergewachsen, wir mussten es weggeben!" Was für ein komischer Zufall, wenn ich jetzt ins Wohnzimmer blicke.

Die Schwangerschaft

Ich hoffte also, dass es mit der Schwangerschaft klappen würde. Ich sagte immer „zwei dürfen es werden, aber keine vier". Was ja auch passieren kann, wenn sich die Eier teilen.

Ich testete, ob ich schwanger war, auch wenn ich wusste, dass vom Institut aus eine Blutabnahme geplant war. Siehe da, der Schwangerschaftstest zeigte ‚positiv' an. Nur wusste ich nicht, ob das mit den vielen Hormonen zusammenhing oder die künstliche Befruchtung wirklich gut verlaufen war. Im November wurden mir die Eier eingesetzt und Mitte Dezember wollte das Institut mir Blut abnehmen zur Kontrolle, ob es geklappt hatte. Mann war ich nervös, als ich hinkam, weil ich ja nicht wusste, was sie sagen würde.

Ich wurde in einen Raum geholt und die Krankenschwester nahm mir Blut ab. Sie fragte mich, welches Gefühl ich hatte, nur zu diesem Zeitpunkt war ich so aufgeregt, dass ich mir nicht sicher war. Jedoch antwortete ich damit, dass ich einen Schwangerschaftstest gemacht hatte und dieser positiv gewesen wäre. Dazu sagte sie nur, dass das schon einmal ein gutes Zeichen wäre.

Nach der Blutabnahme ging ich in ein Geschäft und versuchte, mich abzulenken. Mein Mann und ich schauten nach Spielzeug für Kinder, einem Puzzle für mich usw., nur um meinen Kopf nicht anzustrengen. Nach einer gewissen Zeit läutete das Telefon. Ich nahm ab und die Verbindung war so schlecht, dass ich nur verstand: „Her...... undsc...... Schw......!" Sofort lief ich aus dem Geschäft hinaus, um besseren Empfang zu haben. Die Verbindung wurde besser und die Anruferin sagte es so, dass ich es verstand: „Herzlichen Glückwunsch, Sie sind eindeutig schwanger!" Mann war das eine Freude für mich. Ich konnte es gar nicht glauben, dass es so war. Sofort haben wir die Familie angerufen und die wünschte uns auch alles Gute. In meinen Kopf ging sofort vor: „Was mache ich, wenn es vier werden?" Innerlich war ich aber die Ruhe in Person. Mein Mann und ich fingen an, die Namen auszusuchen. Sie waren sofort in mir, da ich ja zur Sicherheit zwei Bubennamen und zwei Mädchennamen ausgesucht hatte. Wenn es zwei Buben werden würden, dann würden sie David und Michael heißen, und bei Mädchen Julia und Lisa. Komischerweise waren es nicht mehr als diese vier, auch vom Gefühl her nicht, jedoch diese waren fix. Wer die Taufpaten werden würden, war uns auch schon klar. Einer von meiner Familie und einer von der anderen Familie.

Beim letzten Untersuchungstermin im Institut hörte ich zum ersten Mal das Herz des Kindes oder der Kinder schlagen. Das war im Jänner und der schönste Tag meines Lebens. Die Ärztin vom Institut fragte mich, wie es mir ginge. Ein bisschen nervös war ich schon, aber ich sagte, dass egal, was kommt, es zwei Kinder werden sollten und nicht vier.

Die Ärztin lachte und fing an, mich zu untersuchen. Dann schaute sie ernst und sagte: „Was würden sie machen, wenn es zwei werden würden?" Ich freute mich tierisch in diesem Moment, weil ich wusste, dass diese zwei Eier, die ich eingesetzt bekommen hatte, perfekt wären und auch für mich alles perfekt laufen würde.

Die Geburt

Die Schwangerschaft verlief soweit ganz gut, bis auf die Tatsache, dass mein Bauch immer größer wurde. Es wurde mühsam zu gehen und zu schlafen. Schlecht war mir zum Glück nicht, das Einzige, was ich merkte, war, dass ein gewisser Druck in meinem rechten Ohr war und es sich ab und zu verlegte. Ich hielt das aber für normal in der Schwangerschaft, überhaupt bei meiner Vorgeschichte, und weil ich glaubte, dass die Hormone verrücktspielen, weil ich ja so viele davon verabreicht bekommen hatte. Mit meinem Hund redete ich so, als wäre er ein Baby. Ich ging zum Arzt, um mich zu vergewissern, dass alles passte. Er sagte, dass er nicht viel machen könne, weil ich ja schwanger wäre, und machte einen normalen Hörtest. Das Ergebnis war jedoch nicht so, wie es sein sollte, weil ich am rechten Ohr wenig hörte. Jedoch kam ich heim und vergaß irgendwie alles wieder.

Eines Tages kündigte sich meine Mutter zu Besuch an mit meinem Onkel aus der Schweiz sowie meiner besten Freundin. Es war ein schöner Tag und ich machte einen Nudelsalat und richtete die Terrasse her für sie. Da spürte ich einen Tritt von meinen Kindern und dachte nicht weiter daran. Meine Familie und ich verbrachten einen schönen lustigen Tag und aßen gemeinsam den Nudelsalat. Am Abend wurde mir ein wenig komisch im Bauch, es war so ein Zwicken, und ich legte mich auf die Couch. Wolfgang machte etwas zu essen, aber ich hatte keinen Hunger, weil ich zu Mittag den Nudelsalat gegessen hatte und davon noch satt war.

Es war 22 Uhr und Wolfgang war gerade beim Duschen. Ich hatte so ein komisches Ziehen im Bauch und im Kreuz, das kam und ging. An die Wehen habe ich noch nicht gedacht, weil ich erst im 6. Monat war. Mein Bauch war zwar kugelrund, aber daran zu denken, dass es Wehen sein könnten, lag l mir fern. Im Gegenteil, ich dachte, das wäre die Mayonnaise gewesen im

Nudelsalat, von der mir so komisch war. Es ließ mir trotzdem keine Ruhe und ich sagte Wolfgang, der gerade aus der Dusche stieg, dass er mich lieber ins Spital bringen sollte zur Sicherheit. Also packte er sich zusammen und brachte mich dorthin. Ich war durch meine Untersuchungen den Schwestern dort schon bekannt. Also watschelte ich ins Spital – zuerst kam der Bauch und dann ich – und meldete mich an.

Oben angelangt untersuchte mich eine Schwester und legte mir den Wehenschreiber an den Bauch. Siehe da, die Wehen kamen alle drei Minuten und es waren nicht gewöhnliche Bauchkrämpfe wie bei einer Regel. Ein Arzt kam um die Ecke geschossen voller Panik und holte sofort einen Notarzt.

Zum Glück war es ein Bekannter, dessen Mutter ich gut kannte. Der Arzt sagte „sofort ins nächste Krankenhaus, weil wenn die Wehenhemmer nicht klappen, kann es doof ausgehen." Zu diesem Zeitpunkt merkte ich nicht, was los war, denn ich war ja zum ersten Mal schwanger. Meine Schmerzgrenze war auch sehr hoch und ich dachte, dass der Arzt eh da wäre.

Ich machte noch Scherze und sagte: „Keine Angst, ich werde nicht im Krankenwagen entbinden. Weil ich sonst das Auto schmutzig machen würde." Nur sie verstanden zu dem Zeitpunkt keinen Scherz. Denn die Lage war ziemlich ernst. Lisa und Julia lagen nämlich auch noch mit den Beinen unten und ihre Köpfchen unter meinem Herzen. Komischerweise genau darunter, unter meinem Herzen.

Sie brachten mich ins nächste Krankenhaus und die Wehen waren auf einmal weg. Dort erwartete mich die Schwester und brachte mich zur Sicherheit in den Kreißsaal. Wolfgang fuhr zwar heim, sagte aber, dass er später wiederkommen würde, um mir ein paar Sachen zu bringen.

Es war 7 Uhr früh und ich bekam wieder diese Schmerzen. Noch einmal entschied sich ein Arzt für Wehenhemmer, weil es zu früh gewesen wäre für die zwei Mädchen. Die Medikamente wirkten und ich durfte nach fünf Tagen wieder heim.

Am 24.7.2012 war dasselbe Spiel wieder von vorne. Außer dass mein Koffer zur Sicherheit bereits gepackt war und meine Familie nicht da war, lief alles genauso wie beim ersten Mal. Uhrzeit, Wolfgang unter der Dusche und ich bekam Wehen. Wieder mit dem Auto ins Spital und zur Schwester hinauf, doch diesmal ein bisschen nervöser.

Ich schlief die ganze Nacht nicht, weil es wehtat. Endlich war der nächste Morgen und die Hebamme kam ins Zimmer und sagte zu mir: „Heute kommen Ihre Babys zur Welt!" Mann war ich froh und nervös. Trotzdem ging mir alles viel zu schnell, weil Wolfgang noch nicht da war. Der Pfleger wartete schon auf mich, um mich abzuholen und in den Kreißsaal zu bringen. Doch dann ging die Türe auf und ich sah Wolfgang. Ich sagte nur, dass es losgehen würde. Im OP hatte ich noch tierische Angst, der Anästhesist gab mir die Gute-Nacht-Spritze und als ich zwei Stunden später aufwachte, war ich frisch gebackene Mutter von zwei süßen Mädchen namens Julia und Lisa.

Der erste kleine Schrecken

Wenn mir jemand gesagt hätte, dass eine Mutter und die Liebe zu den Kindern einmalig ist, hätte ich zwar ja gesagt aus Verständnis, aber ich hätte nicht erfahren dürfen, wie es sich anfühlt.
Wolfgang war bei mir und zeigte mir die ersten Fotos von den Babys. Wie sind die beiden nur so süß, dachte ich. Ich war zwar total noch benommen von der Narkose, aber okay. Als ich ins Zimmer gebracht wurde, kam der Arzt zu mir und sagte mir, dass bei einem Kind die Lunge nicht ganz aufgegangen wäre und sie nach Amstetten gebracht werden müsse. Die andere Tochter Lisa würden sie mitnehmen und sie wäre bei ihr. Er wisse nicht, ob sie für mich einen Platz hätten im Spital. So schnell hättet ihr nie schauen können, wäre ich am liebsten mit einer dicken, fetten Kaiserschnitt-Wunde, die gerade einmal drei Stunden alt war, vom Bett aufgestanden und ins andere Spital mitgegangen. Zum Glück aber hatten sie einen Platz und ich durfte mit.
Als ich das erste Mal Julia im Spital sah, war es die Hölle für mich. Ich durfte sie nicht angreifen und nicht ihr die Wärme geben, die sie gerade gebraucht hätte. Mein Körper machte schlapp in dem Moment, er brach einfach zusammen.
Ich durfte zwar Lisa bei mir haben, nur in der Nacht war sie bei Julia zur Überwachung. Es ist schwer für eine Mama zwischen frischen Müttern zu liegen, aber das Baby ist in einem anderen Raum.
Da bei mir in der Schwangerschaft nicht alles glatt gelaufen war, musste ich ein paar Untersuchungen machen lassen. Ich wartete in einem Rollstuhl vor einer Untersuchung, da kam wieder ein Arzt zu mir. Er sagte, sie hätten entschieden, dass wir wieder überstellt würden, weil bei Julia die Lunge noch immer nicht offen wäre und sie der Gefahr lieber gleich entgegenwirken wollten. Ich schaute drein wie eine Katze, der du das Fut-

ter wegnimmst. Ich wusste nicht, was ich machen soll. Ein Baby dort, anderes Baby da. Wie soll ich mich zerreißen?

Die Oberärztin hatte in diesem Moment sehr viel zu tun mit mir, weil zuerst sagte ich, dass ich im Krankenhaus bleiben wolle und dann wiederum, dass ich mitüberstellt werden wolle.

Also dieselbe Prozedur noch einmal und ins andere Krankenhaus. Es war wie in einem Horrorfilm. Auch die Station war für mich nicht sehr angenehm. Julia wurde auf die Intensivstation gelegt und ich in eine andere Station. Lisa war die Einzige, die ich hatte in dem Moment. Ich war frische Mama und wusste nicht, wie und wann man sie füttert. Der liebe Gott hat ja keine Beschreibung mitgegeben.

Trotzdem fand ich einen schönen Anfang als Mutter. Ich kann mich noch gut erinnern, dass ich nach meiner Einlieferung so oft ich konnte bei Julia war. Es waren nur drei Tage seit der Geburt vergangen, aber es kam mir wie Jahre vor. Als ich noch im Spital bei Julia war und sie nicht mehr intubiert war, hörte ich, wie die Schwester zur Ärztin sagte: „Wie machen wir das jetzt mit dem Kopf?"

Die Ärztin klärte mich auf, dass bei Julia die Fontanelle zugewachsen wäre und sie operiert werden müsse. Ich kam mir in dem Augenblick vor wie im falschen Film. Es war mir alles zu viel und ich hätte am liebsten beide Kinder genommen und wäre davongerannt. Die Ärztin merkte mir das an und versuchte, mit netten Worten zu helfen.

Für mich war nur die Frage: „Was passiert genau bei der OP und muss sie sterben?" Nur leider kam ich an einen Falschen, der sagte: „Der Kopf wird gesprengt oder gebrochen!" Vor meinem inneren Auge sah ich nur die Comicfigur Duffy Duck mit zwei Dynamitstangen in den Ohren.

Ich wollte nur noch aus dem Spital hinaus. Ich ließ Julia in dem Moment im Stich, als sie mich am meisten gebraucht hätte. Ich habe als Mutter versagt, dachte ich mir. Am nächsten Tag musste mich Wolfgang sofort abholen und ich lief – nur mit Lisa – so weit wie ich konnte vom Spital weg. Alles war mir zu viel und ich wusste nicht mehr weiter. Nur dachte ich, dass alles leichter werden würde. Als ich mit Lisa heimkam, hat sie nichts mehr gegessen und nur noch geschrien. Ich hatte Angst und wusste nicht, was los war. Am nächsten Tag, als wir Julia wieder besuchten, erzählten wir es der Schwester. Sie half ganz nett und versorgte Lisa super. Dann kam wieder die Ärztin und sagte mir, dass Lisa eine Schilddrüsenunterfunktion hätte und sie mit Medikamenten eingestellt werden müsse. Das könnten sie zwar ambulant machen, aber es wäre besser, ich würde bei Julia und Lisa im Spital bleiben. Ich hatte noch nicht einmal richtig gesagt, dass ich bleibe, da montierte auch schon eine Schwester alle Überwachungsgeräte von Julia ab und sie durfte mit mir in ein Zimmer. Lisa wurde dann auch sanft hineingelegt und mir war, als ob 100.000 kg von mir abfielen. Ich hatte innerlich so eine Freude, dass ich nicht wusste, ob ich lachen oder weinen sollte. Julia, Lisa und ich waren das erste Mal alle drei zusammen. Ich spürte sie und sie mich. Das schönste Geschenk, das ich je bekommen hatte. Die Schwestern waren so nett und freundlich und schrieben: „So startest du als MAMA!"

Die Operation des Kindes

Endlich daheim und ein bisschen Normalität. Ich durfte Mama sein und für meine Mäuse da sein. Wir hatten zwar einen Termin in Wien bekommen wegen der Operation, doch irgendwie war er weit weg. Wir lernten die Ärztin kennen, die die Kleine operieren würde. Sie nahm mir die Angst, das Bild aus meinem Kopf von Duffy Duck. Erklärte uns alles in Ruhe und was sie machen würde. Was passieren würde und dass dies zwar keine leichte Operation ist, aber dass sie genau wisse, was sie tue.

Da war ich schon ein wenig beruhigter, dass sie das sagte und dass es nicht so funktionieren würde wie im Comic.

Der Tag kam, an dem wir ins Spital mussten. Wir mussten 1,5 Stunden mit dem Auto fahren. Also nicht gleich ums Eck, um sofort beim Kind zu sein. Lisa war ja noch da und brauchte mich auch. Wolfgang hatte seine Arbeit und einen Chef, der viel versteht, was sehr wertvoll ist.

Lisa wurde vom Spital mitaufgenommen und ich natürlich auch. Julia hatte ihr Bettchen und strahlte übers ganze Gesicht. Sie wusste ja nicht, was auf sie zukommen würde.

Mein Kopf wusste leider alles ganz genau. Dass auch die Narkose nicht so einfach ist und es auch doof ausgehen kann. Es war nicht gerade leicht für mich, der Schwester die Einwilligung zu geben für die Narkose, muss ich ehrlich sagen. Sie wollte mich zwar aufklären, nur ich meinte: „Bitte sagen sie es nicht, sonst unterschreibe ich dieses Formular nicht."

Am nächsten Tag war es dann wieder soweit, Julia wurde operiert. Es war so ein komisches Gefühl, nicht zu wissen, welches Team da wäre und was passiert mit ihr. Als wir in der Schleuse waren, war auf einmal das gesamte Operationsteam versammelt und ich durfte jedem in die Augen schauen. Da spürte ich so viel Liebe und Freundlichkeit, dass ich ihnen vertraute, dass sie Julia helfen und auf die Kleine aufpassen würden. Es gab damals nichts

Schöneres für mich als das zu sehen. Alle hatten ein Lächeln auf den Lippen und ein schönes Strahlen in den Augen. Ich wusste Gott würde sie beschützen und wäre persönlich an ihrer Seite.

Nach der Operation durfte ich sie kurz sehen, musste sie aber wieder verlassen. In mir hörte ich nur das Lied von den Seern: „Schee wars, wennst do warst!" Ich heulte wie ein Kind, das von allen verlassen worden war, obwohl alles gut gegangen war.

1,5 Stunden später war ich zwar wieder daheim, aber mein Herz bei Julia. Am nächsten Tag fuhr ich mit dem Zug zu ihr und war froh, sie zu sehen. Nur ich spürte in mir, dass sie zwar an mich rankam, aber dass ich Angst hatte, wieder verletzt zu werden.

Ich war nicht sehr lange bei ihr, ich wusste sie in guten Händen und wollte gerade mit dem Zug heimfahren, da läutete das Telefon. In dem Moment ging die Zugtüre zu und ich sah die Nummer vom Spital.

In mir stiegen Angst hoch und Panik. Ich nahm ab und hörte eine Stimme sagen: „Hallo, hier ist das Spital. Julia kommt heute auf die normale Station. Sie ist soweit stabil, dass sie verlegt werden darf. Wir brauchen das Bett und ab morgen können sie wieder zu ihr ins Spital und hierbleiben."

War das eine Erleichterung für mich, ich freute mich sehr, dass alles okay war. Ich dachte nur an die Heimreise und daran, dass ich am nächsten Morgen bei Julia im Spital sein durfte.

Der erste Kontakt mit wunderbaren Menschen

Natürlich war die Zeit hart für mich als Mama im Spital. Ich hatte Angst, nach der Operation würde bei Julia etwas in der Seele bleiben. Sieht sie das auch so wie ich? Dass sie von mir im Stich gelassen wurde in der schwierigen Situation, als sie mich am meisten brauchte?

Natürlich habe ich gelernt, Menschen zu lagern oder zu pflegen. Nur beim eigenen Kind setzt das Hirn aus und man handelt komplett nach Gefühl.

Bei Julia wurden die Medikamente abgesetzt und sie fing an, die Augen zu verdrehen. Ich hatte eine liebe Zimmernachbarin, die mich dabei unterstützte, zum Arzt zu gehen und zu fragen, ob dies normal sei bei einem Kind und nach der OP. Es war nicht normal. Auf einmal waren der Arzt, der Pfleger und eine Krankenschwester im Zimmer. Der Pfleger hatte sogar einen Rucksack bei sich und ich wusste sofort vom Gefühl her, was passieren würde. Die Schwester beruhigte mich aber mit den Worten: „Sie dürfen mit und brauchen keine Angst haben." Ich zog mich sofort um und folgte meinem Baby und dem Personal.

Julia kam in einen CT und ich musste draußen bleiben. Ich betete nur zu Gott, dass er mich bestrafen solle, nur nicht mein Kind, weil es noch sein ganzes Leben vor sich hätte und noch ein Baby wäre. Ich brachte diese Worte über meine Lippen wie heute das Wasser, das ich zum Überleben brauche.

Dann ging die Türe auf und das Personal kam wieder und war ruhig. Sofort fragte ich, was los wäre und was sie gesehen hätten. Der Pfleger lächelte nur und ich spürte, dass bei Julia alles okay war. Es würde nur noch eine Untersuchung geben und wenn die gut verliefe, wäre sie komplett abgesichert.

Ich rief meinen Bruder an und bat ihn, bei dieser Untersuchung dabei zu sein, weil ich es seelisch nicht mehr alleine schaffte. Er sagte zu und am nächsten Tag war er pünktlich zur Untersuchung da. Dass Julia große Angst hatte, spürte und wusste ich nicht. Kurz vor der Untersuchung bekam sie ein Schmerzmittel, damit sie alles übersteht. Bei der Untersuchung fing sie jedoch an zu schreien, weil sie spürte, dass etwas mit ihr passierte.

Es sei dahingestellt, ob ich für meinen Bruder nicht auch stark sein musste. Ich handelte aber nach Gefühl und versuchte Julia etwas vorzusingen. Zum Glück war diese Untersuchung bald vorbei und wir waren wieder im Zimmer. Seelisch war ich leer und müde. Mein Körper fing an, es mir zu zeigen und ich bekam einen leichten Schnupfen. An diesem Tag rief ich Wolfgang an und sagte ihm, dass ich nicht mehr kann. Er sagte, er würde mit mir tauschen und ich solle heimkommen.

An diesem Tag klopfte es ganz lieb an der Türe und was hereinkam, war ein wunderbares Lächeln. Zwei liebevolle Menschen in lustigen Kleidern. Sie brachten mich zum Lachen und mein Körper dankte es mir. Sicher war es auch schwer für mich, dass am nächsten Tag heimmusste. Julia gab mir aber noch mit einem wunderschönen Lächeln zu verstehen: „Mama, du brauchst keine Angst mehr haben, mir geht es gut! Fahr heim, du hast es verdient!"

Ich danke heute dem gesamten Team und den Clowndoktoren, dass sie in dieser Situation nicht losgelassen haben und mir ein Lächeln ins Gesicht zauberten.

Wie ist man eine gute Mama?

Natürlich habe ich auch so meine Ängste wie „Bin ich eine gute Mama? Bin ich eine perfekte Mama?"

Heute sage ich, das Kind sucht sich die Mama aus. Es ist immer alles richtig und man ist perfekt für das Kind, so wie man ist.

Wenn der erste Kindergartentag kommt und man loslassen muss. Wenn man hin und her hetzt, weil die Kinder von einem Termin zum anderen müssen. Weil sie natürlich gesund sein sollen. Und so weiter und so fort.

Als Mutter will man immer das Beste für sein Kind.

Ich springe jetzt weit nach vorne mit meiner Geschichte. So ungefähr 6 Jahre.

Der erste Schock war, dass mein Schwager, der versuchte, mich zu unterstützen, einfach umfiel und starb.

Wie bringe ich das meinen Kindern bei und wie sage ich es ihnen? So gut es ging, sagte ich es ihnen auf kindliche Art und Weise.

Der Kindergarten stand in diesem Augenblick voll hinter mir und gab mir Rückendeckung, was die Kinder betraf.

Jedoch kurz danach kam der nächste Schock.

Ich bekam als Diagnose: Gehirntumor mit einer Größe von 4,5 cm.

Es war ein riesen Schock für mich. Ich wusste in dem Moment nicht, was mit mir passieren würde. Weil in mir so viel Angst hochkam, dachte ich nicht daran, dass es vielleicht eine Reinigung ist und ein Hilfeschrei meines Körpers, weil er leer war.

Emotional hatte ich nicht viel Stütze von der Familie und von meinem Mann. Er ist nämlich ein Mensch, der gerne vor Problemen davonläuft, statt sich ihnen zu stellen.

Was würde mit meinen Kindern passieren, wenn es bösartig wäre? Was würde passieren, wenn ich sterben würde?

Mir gingen so viele Fragen im Kopf herum, die jeder Mutter im Kopf herumgehen würden.

Wieder stand der Kindergarten hinter mir und ich fand auch in meinen ganzen Ausbildungen Halt. Sofort suchte ich mir eine Kollegin, die mich bis zur OP begleitete.

Es vergingen drei Monate, bis ich einen Termin bekam. Ich versuchte, mich noch mit dem letzten Humor und letzter Kraft hochzuhalten. Mein Lieblingsspruch ist und war: „Dieser Arzt ist der Einzige, der meine Gedanken sehen und lesen kann. Keiner war und ist mir so nah wie er!"

In mir sah es aber ganz anders aus. Ich war sehr geschwächt und leer, und ich hatte tierische Angst.

Ich suchte Halt in der Kirche und genoss jeden Tag die Ruhe und die Kraft, die ich dort bekam.

Eines Tages war ich in der Kirche und haderte mit meiner Situation. Da hatte ich ein wunderschönes Erlebnis. Ich dachte in dem Moment nicht an meine Schwester, die im Bauch meiner Mutter verstorben war. Es war ja schon sehr lange her und ich war noch ein Kind.

Ich saß so in der Kirche bei der Messe und auf einmal sah ich Jesus und meine Schwester. Beide waren einfach da und ich hörte nur, wie sie sagten: „Wir helfen dir, vertraue uns! Wir haben auch Angst, aber du bist nicht alleine!"

Ich war irgendwie erschrocken, jedoch versuchte ich zu vertrauen, weil es spontan kam. Weil es so real war und das Einzige, was ich nicht kann, ist mein Hirn beeinflussen.

Für mich war dies eine harte Zeit. Mir zog es den Boden unter den Füssen weg. Ich bekam aber so viele Zeichen von Papa Gott, dass ich heute sagen kann: „Man kann sich so etwas nicht einbilden!"

Ich sagte sogar eines Tages, dass Gott bitte bei der Operation an meiner Seite sein und mich nicht verlassen solle. Auf einmal öffnete sich eine Wolkendecke und die Sonne schien genau auf mich herab. Eines Abends ging ich schlafen und war von Angst erfüllt. Da hörte ich in meinen Träumen ein Lied, das ich zuletzt als 25-Jährige gehört hatte. Es war aber so deutlich, dass ich glaubte, eine CD würde abgespielt.

Ich war bis zur Operation nie alleine und wurde nie verlassen. Was sehr schön war.

Wenn es innerlich und äußerlich ein langer Weg werden würde, doch ich durfte ihn gehen.

Ich musste ins Spital

Ich erscheine vielleicht vielen Menschen hart geworden zu sein, ich nenne es jedoch „bewusst im Leben stehen".

Es war der Tag, um ins Spital zu gehen. Natürlich hatte auch ich all die Zeichen verdrängt und die Angst machte sich breit in mir. Ich bezog das Zimmer und war für Leute, die noch mehr Angst hatten als ich, in diesem Moment stark. Der Arzt erklärte mir alles und ich wartete auf die Operation. Sie wurde jedoch leider abgesagt, weil zu der Zeit viele krank wurden und zu wenig Personal da war. So musste ich heim und vorher zum Narkosearzt, der mich noch schnell untersuchte. Als ich so wartete, sah ich in einem Internetportal ein RIP-Foto von einem Menschen, den ich schon viele Jahre kannte und sehr ins Herz geschlossen hatte. Er war innerlich immer ein Teil von mir und der Einzige, den ich von Herzen liebte außer meinen Kindern. Ich schaute aufs Handy und war wie erstarrt und konnte es nicht glauben. Sofort schrieb ich seinen Bruder an und entschuldigte mich dafür, dass ich beim Begräbnis nicht dabei sein konnte und sagte ihm, dass es mir leidtat. Wie ich wieder aufsah, sah ich Sascha durchsichtig vor mir sitzen und ich hörte, wie er sagte: „Hab keine Angst, ich halte Dich und lasse Dich nicht alleine!"

Irgendwie glaubte ich zu träumen, doch ich war hell wach.

Wolfgang und die Kinder holten mich ab und ich durfte noch das Wochenende daheim sein. Am Sonntag musste ich aber ins Spital, weil ich am Montag gleich operiert werden sollte.

Als ich von meinen Kindern getrennt wurde, weinten wir alle drei. Julia hat sogar ein Buch gehalten, wo sie meine Stimme immer und immer wieder hörte.

Es war Montag und ich wurde für den Operationssaal abgeholt. In mir war pure Angst und zugleich eine innere Ruhe. Der Arzt, der die Narkose beaufsichtigte, war kurz da, um sich vorzustellen. Ich weiß noch, dass ich sagte: „Wenn sie nicht aufpassen auf mich, kommen zwei Kinder mit 6 Jahren und machen Stunk im Operationssaal und Kinder können wild sein!" Dann schlief ich ein und war dem lieben Ärzteteam ausgeliefert.

Als ich aufwachte, hatte ich mehr Schmerzen als vorher. Ich hörte nur, dass ich auf der Intensivstation war und es dunkel war.

Jedoch ich war am Leben, das war für mich wichtig.

Als ich merkte, dass das Licht anging und ich viele Schwestern hörte, war ich sehr froh. Denn da wusste ich, dass ich bald wieder auf die normale Station kommen würde. Eine ganz liebe Krankenschwester fing an, mich zu waschen und mit mir zu reden. Ich antwortete irgendeinen Schwachsinn, denkeiner verstand. Mir war nur wichtig, dass sie merkte, wie viel Kraft und Energie in mir steckte, und wusste, dass ich raus wollte aus der Intensivstation. Sie sagte nur liebevoll: „Bitte Fr. Klamert, seien Sie ruhiger und schonen Sie Ihre Kräfte!" Ich bekam ein Frühstück und musste etwas davon essen, um auf die normale Station zu kommen. Dies tat ich, weil ich brav sein wollte, auch wenn es mir schwerfiel. Einmal musste ich noch kurz untersucht werden, ob alles gut verlief bei der OP, und dann wurde ich ins Zimmer gebracht.

Irgendwie war ich froh, wieder im Zimmer zu sein. Der Befund, ob alles gutartig war, sollte erst am Freitag kommen. So lange musste ich noch bangen, dass es bösartig war und ob nicht alles entfernt worden war.

Zum Glück ging alles gut aus

Ehrlich gesagt bekam ich nicht viel mit. Mein Kopf dröhnte und ich wusste überhaupt nicht, ob ich das wirklich alles durchmachte. Ich kam mir so hilflos vor, dass ich am liebsten die Uhr zurückdrehen und vor allem davonlaufen wollte. Neben mir lag eine Dame, die nur jammerte. Der Besuch von ihr und die Familie waren sehr nett, nur ich spürte ihre hilflose Energie, die sie ausstrahlten, doppelt so stark.

Ich genoss immer die Logopädin, die kam und mich massierte, und den Physiotherapeuten. Es war Freitag und ich hörte nur, dass sie noch auf meinen Befund warteten und auf einmal kam es mir so vor, als ob meine Seele mich verlassen würde. Die Schwester, die mich gerade wusch, sagte nur zu mir: „Sehen sie mich an und bleiben sie bei mir! Ich bin da und halte sie fest!"

Ich spürte eine innerliche Leere und wusste in dem Moment nicht, was ich machen sollte. Meine Seele entschied sich dafür, nicht aufzugeben, jedoch war sie zu schwach, um zu kämpfen.

Es war Visite und vor mir stand ein Arzt, den ich noch nie gesehen hatte. Ich fragte ihn leise und ohne Kraft, ob er weiß, wie der Befund war. er griff in seine Brusttasche und sagte: „Fr. Klamert, es war WHO 1 und es wurde alles entfernt!"

Ich wusste nicht, ob ich in diesem Moment lachen oder weinen sollte oder beides zusammen. In mir war die Kraft wieder gepflanzt, um zu kämpfen und meine Seele hatte neue Hoffnung.

Von diesem Tag an bekam ich wieder Kampfgeist. Ich brauchte zwar kurz Starthilfe von einer Psychologin, doch diese war nicht die Einzige, die mir half, wieder zu werden. Sondern auch Sascha, mein verstorbener Freund.

Was passierte nachts im Spital?

Als ich erfuhr, dass alles gutartig und weg war, spürte ich die Ruhe in mir. Dass sie neu aufgebaut werden musste von Gott und anderes erfahrt ihr jetzt:

Nachts, als ich nicht schlafen konnte, fühlte ich mich alleine. Mit Schmerzen und tierischem Heimweh nach meinen Kindern. Sicher habe ich viel gelernt und versucht zu verstehen. Nur das, was ab diesem Freitag passierte, kann ich nicht erklären.

Ich sah Sascha jede Nacht an meinem Bett sitzen und mit mir reden. Am Tisch sah ich meinen Schwager sitzen, wie er immer dasaß, als er noch lebte. In meinem Bett lag der Kater, der längst verstorben war. Alle waren zwar durchsichtig, aber es war so real, dass ich sicher bin, es war keine Einbildung. Sascha sagte nur immer zu mir: „Okay, jetzt hänge ich dir eine Kugel Selbstwert an die Füße, Liebe und Vertrauen!" Immer wenn ich einschlief, war er weg. Jede Nacht hing er mir andere Kugeln an den Fuß, egal ob es Liebe, Selbstwert, Vertrauen, Richtigkeit usw. war. Ich dachte schon, ich spinne, aber da war ich weit davon entfernt, weil ich wusste, dass es real war und wirklich passierte. Ich ließ mich einfach von den Geistern leiten und bekam innerliche Stütze von ihnen. Ich fing an, wieder Vertrauen in die Menschen zu bekommen, dass sie mir nichts Böses tun wollen, so wie ich es lernte. Ich wusste, dass ich beschützt wurde, auch wenn es mich Kraft kosten und nicht leicht werden würde.

Es war ein tiefes Vertrauen in mir, diesen Weg zu gehen. Dank Sascha, der zwar verstorben war, doch in meiner Seele immer bei mir ist und mich begleitet auf meinem Weg.

Endlich der erste Tag daheim

Jeder freut sich, wenn er das Spital von außen sieht. Denn man hat daheim nie so das Gefühl, dem Tod nah zu sein wie dort.

Als ich endlich daheim ankam mit einem Rollator, war ich noch total schwach. Ich konnte meine Augen keine 5 Minuten offenhalten und dachte mir sogar, dass ich am WC sitzen bleiben würde, weil es einfacher wäre, wenn ich nicht immer hin und her müsste.

Das gesamte Haus war eine Baustelle. Wenn die Arbeiter den Hammer draußen benutzten, glaubte ich, er würde direkt auf meinen Kopf geschlagen. Wenn gestemmt wurde, brummte mein Schädel so stark, dass ich ihn am liebsten abgeschraubt hätte. Mein einziger Gedanke war nur: „He Leute da draußen, ihr habt zwar nicht so einen schönen Körper wie die Chippendales, aber zumindest bin ich nicht alleine."

Die Terrasse war auch eine Baustelle und die Abgrenzung war weg. Jedoch wenn es warm war und Wolfgang daheim war, brachte er mich hinaus und ich genoss die warme Sonne. Ich danke in meinem Inneren und auch mit Worten, dass Gott an meiner Seite war und meine Hand hielt. Ich wusste, dass er mit mir litt und immer da war. Seine besten Leute im Himmel setzte er dafür ein, dass es mir gut ging. Er tut das für jeden Menschen, man muss es nur zulassen.

Meine Kinder waren hier und gaben mir Liebe und Kraft. So wie meine Tiere, die noch an meiner Seite waren.

Ich musste auf Reha und Wolfgang telefonierte sich die Finger wund, um mich in die passende Einrichtung zu bringen. Damit die Kinder nicht zu lange mit dem Auto unterwegs waren und ich in der Nähe war. Mein Ziel war nur, dass ich es bis September schaffte, wieder auf den eigenen Füßen zu stehen und meine Kinder am ersten Schultag ohne Rollator und Rollstuhl in die Schule zu begleiten.

Im Mai bekam ich einen Platz auf der Reha. Ich war vorher noch nie auf Reha und wusste daher nicht, was auf mich zu kam. Als ich dort ankam, fühlte ich mich aber wie daheim. Die Schwester und die Atmosphäre dort war gar nicht wie im Spital. Sondern viel lockerer und entspannter. Keine Hektik zu spüren und die Angestellten konnten sich auch während der Arbeit kurz Zeit nehmen für die Patienten.

Es war irgendwie komisch, auch wenn ich Angst hatte, ging ich zwar wackelig, aber zwei Tage später alleine ohne Rollator. Von Tag zu Tag wurde alles besser und das gesamte Team bemühte sich, dass es mir wieder gut ging. Sie machten keinen Druck, dass ich etwas machen musste, was ich noch nicht konnte. Ich hatte alle Zeit der Welt, um wieder Sabine zu werden und mich zu finden.

Ich fühlte mich dort schon zum ersten Mal schon tierisch wohl und wie daheim. Das gesamte Team arbeitete mit mir gemeinsam daran, dass mein Wunsch in Erfüllung ging:

Meine Kinder am ersten Tag im September von der Schule abzuholen. Und ich bin sehr dankbar dafür, dass wir es auch schafften.

Der Glaube an Gott und an das Gute

Natürlich habe ich heute noch ein bisschen Angst, wieder so tief zu fallen und meine Kinder zu verlieren. Dass ihnen etwas passiert, weil mich das sehr viel Kraft kosten würde. Es holen mich auch ab und zu die Hirnscheißer ein und versuchen zu fruchten. Jedoch rede ich dann immer zum Himmel, das Papa Gott oder Jesus herabkommen und mich von meinen Ängsten befreien sollen. Es war keine leichte Zeit für mich und ich durfte viel erfahren. Egal ob über den Gehirntumor oder die Energetik. Wir durchleben immer solche Situationen, so lange, bis Gott uns von dieser Welt holt. Ich wollte damals einmal eine Nahtoderfahrung machen, die ich auch bewusst drei Monate nach meiner OP hatte. Ich spürte, wie die Seele wegwollte. Sah nur ein wunderschönes Licht auf der anderen Seite. Jedoch hörte ich eine Stimme, die sagte: „Deine Kinder brauchen dich noch, sicher darfst du kommen. Aber denke an deine Kinder!"

Ich hing an keinem Gerät im Spital und kann nicht sagen, dass ich es nur geträumt hätte. Weil es für mich so real war, dass ich auch an diese Welt glauben darf. Dass man das bekommt, was man sich wünscht, und dass Gott immer an unserer Seite ist. Egal, wie schwer auch alles erscheinen mag und auch wenn man auch denkt, man wäre allein. Nur wenn man das Wort „allein" trennt, kommt dabei all-ein heraus.

Danksagung

Ich danke den Teams aus dem Spital und aus der Rehaklinik sowie den ganzen Therapeuten, die mich wieder zu dem machten, was ich heute bin.
    Ein Mensch mit Seele und Herz.

Besonders danke ich meinen zwei Kindern, die an mich glauben und an Gott, die nie aufgaben und mich dadurch gehalten haben.
    Danke an Julia und Lisa.

DIE AUTORIN

Die 1975 in Wien geborene Sabine Klamert wuchs abwechselnd bei ihrer alkoholkranken Mutter und ihren Großeltern auf. Auf eine schwere, lieblose Kindheit folgte eine hoffnungslose Jugend. Schulzeit, Ausbildung und die ersten Jobs gestalteten sich schwierig. Ihre persönliche Situation war rastlos und geprägt von der Suche nach Zuwendung und Anerkennung. Nach einem gescheiterten Selbstmordversuch und einer kraftzehrenden Krankheitsgeschichte fand sie zu Gott und begann, um ihr Leben zu kämpfen. Für sich und ihre beiden Kinder, für die sie die Geschichte(n) ihres Lebens aufschrieb. Heute möchte sie mit dem, was ihre Lebenserfahrungen sie lehrten, anderen Menschen helfen. Als ausgebildete Dipl. Cranio Sacrale Praktikerin und Dipl. Ontologische Kinesiologin betreut sie Hilfesuchende und hat sich dabei vor allem auf Kinder spezialisiert, weil sie „unsere Zukunft sind". Mehr Informationen sind zu finden unter www.seelenbalsam75.at

DER VERLAG

VINDOBONA
VERLAG SEIT 1946

ein Verlag mit Geschichte

Bereits seit 1946 steht der Vindobona Verlag im Dienst seiner Bücher und Autoren. Ursprünglich im Bereich periodisch erscheinender Journale tätig, präsentiert sich der Verlag heute als kompetenter Partner für Neuautoren am deutschen, österreichischen und schweizerischen Buchmarkt. Engagement, Verlässlichkeit und Sachverstand – das sind die Grundpfeiler, auf denen der Verlag seit jeher sicher steht.

Sie möchten mit Ihrem Werk das vielseitige Verlagsprogramm bereichern? Der Vindobona Verlag garantiert Ihnen eine professionelle Prüfung Ihres Manuskriptes durch das Lektorat sowie eine zeitnahe Rückmeldung.

Genauere Informationen zum Verlag finden Sie im Internet unter:

www.vindobonaverlag.com

Sabine Klamert

Vred

ISBN 978-3-949263-06-4
76 Seiten

Ich bin Vred, ein Straßenhund aus Griechenland, und ich kann euch sagen: Das Leben kann richtig hart sein! Doch manchmal – oder sogar oft – kommt das Glück auch zu dir, auch wenn du gerade glauben solltest, dass es nicht so ist …